Gott und die chinesische Teekanne

Ein herausfordernder Diskurs in der
Edition BoD

hrsg. von Vito von Eichborn

Michael Murauer

Gott und die chinesische Teekanne

oder Diogenes wusch seinen Kohl
Eine Reise in die Bilderwelt
der Philosophen

Edition BoD

Bücher für Entdecker

Books on Demand bietet Autoren ein neues Verlagskonzept. Viele Debütanten, etablierte Autoren und engagierte Verleger nutzen den Publikationsservice von Books on Demand und bereichern den Buchmarkt mit interessanten und außergewöhnlichen Titeln. Vito von Eichborn, einer der innovativsten Buchmacher Deutschlands, wählt als Herausgeber für die Edition BoD herausragende Neuerscheinungen aus. Lesen Sie selbst, welche Entdeckungen das Programm von Books on Demand möglich macht.

Mehr Infos auch auf www.bod.de.

Michael Murauer, geboren 1955 in München, studierte Philosophie und Medizin in Regensburg und München. Heute lebt und arbeitet er als Arzt in Deggendorf/Niederbayern. Neben den körperlichen Leiden seiner Patienten bedrückte ihn zusehends der zu geringe Stellenwert einer philosophischen Lebensorientierung in unserer Gesellschaft. Als Heilmittel entdeckte er das literarische und bildhafte Philosophieren. Diese Tradition erwies sich als so faszinierend, dass dem Autor für sein Buch die Motive zufielen wie dem armen kleinen Mädchen die Sterntaler. www.murauer.info

Vito von Eichborn war Journalist, dann Lektor im S. Fischer Verlag, bevor er 1980 den Eichborn Verlag gründete, dessen Programm noch heute ein breites Spektrum umfasst: Humor, Kochbücher und Ratgeber, Sachbücher aller Art, klassische und moderne Literatur sowie die Andere Bibliothek. Nach seinem Ausstieg im Jahre 1995 war er u. a. Geschäftsführer bei Rotbuch/Europäische Verlagsanstalt und sechs Jahre Verleger des Europa-Verlags. Seit 2005 ist Vito von Eichborn selbständig als Publizist tätig und fungiert u.a. seit März 2006 als Herausgeber der Edition BoD.

Inhalt

Meine Buchhändlerin sagte mir, „ja", sagte sie ...

J a, Philosophie könnte durchaus auf Publikumsinteresse stoßen" (ich hatte ihr von Michael Murauers Manuskript erzählt) – „ja, aber nur, wenn es nicht versimpelt ist, sondern klug, wenn es nicht zu theoretisch ist, sondern lebendig, wenn es also gleichzeitig vergnügliche Lektüre ist und das Selbstdenken anregt. Sachbücher über philosophische Theorien gibt es ebenso genug wie Esoterik aller Art.

Wissen Sie, zur Philosophie gab es ja schon länger nichts Brauchbares", und sie erzählte aus ihrer Erfahrung im Buchhandel:

„Die 70er waren das Jahrzehnt der weitgehend trockenen Theorien. Dann, Anfang der 80er Jahre, kam Sloterdijks unterhaltsam geschriebene ‚Kritik der zynischen Vernunft', das wurde ein veritabler Bestseller. Übrigens hat damals Verleger Unseld nicht an den Erfolg geglaubt. Für ein Hardcover war es ihm zu dick und zu riskant, es wurde ein Original-Taschenbuch, und die Startauflage war klein.

Der Erfolg steckte darin, daß man es auch als halbgebildeter Student verstand – und daß es den Nach-68er-Zeitgeist im Kern traf. Er setzte sich mit allen Arten von Gesellschaftsbewegungen und Ideologien auseinander.

Luciano De Crescenzo kam ein paar Jahre später mit ‚Also sprach Bellavista', bezeichnenderweise bei Diogenes, dem Verlag für gute Unterhaltung. Er erzählte in sokratischem Dialog vor allem von Liebe und Freiheit, auch das war passend für den Zeitgeist. Ihn – und auch seine weiteren Bestseller – zeichnete vor allem kluger Witz aus, Selbstironie.

Der philosophische Mega-Erfolg wurde in den 90er Jahren dann „Sophies Welt" von Jostein Gaarder, eine buchstäblich infantilisierte Geschichte der Philosophie – das Ganze nämlich als (vorgebliches) Kinderbuch, ein Meisterstück im Vereinfachen komplizierter Zusammenhänge. Dieses Buch hat übrigens den literarischen Hanser Verlag davor gerettet, verkauft zu werden. Philo-Sophie also, die Liebe zur Weisheit, mit dem Mädchen Sophie im Mittelpunkt. Nun war plötzlich Bildung gefragt ..."

Sie unterbrach sich selbst. „Und worum geht es nun in Ihrem Buch?", fragte die Buchhändlerin, „wie kann ich es meinen Kunden erklären?"

„Also, es geht ...", bekannte ich zögernd, „es geht um Gott."

„Oje", unterbrach sie mich, „Gott ist out. Die Leute reden über Islamisten, über die bigotten Amerikaner, über Fundamentalisten in den Religionen und den Kampf der Kulturen. Und, natürlich, ‚wir sind Papst', Benedikt ist absolut in.

Aber Gott? Für den interessiert sich keiner."

„Das kann doch nicht wahr sein", empörte ich mich. „Naja, genaugenommen geht es ja nicht um Gott. Es geht um die Gottesbeweise. Seit Jahrtausenden wird versucht, seine Existenz zu beweisen. In den USA gibt es grade eine breite Bewegung, deren Anhänger mal wieder behaupten, daß Darwin Unrecht habe. Denn diese ganze so bewundernswerte Welt habe sich nicht von selbst so schön und komplex entwickeln können. Und die anderen meinen, schon lange, nicht erst seit Nietzsche, angesichts dieser so grausamen Welt, daß es keinen Gott geben könne, der all diese offensichtlich sinnlosen Greueltaten zuläßt."

„Na gut, das hört sich ja ganz reizvoll an", meinte die Buchhändlerin. „Und wie ist es geschrieben?"

„Hinreißend", ereiferte ich mich. „Dem Autor gelingt es durchaus, uns in einer eingebetteten Rahmenhandlung auf die Höhen eines lebendigen Diskurses mitzunehmen. Das ist spannend zu verfolgen, wie Gott in der Philosophiegeschichte immer wieder neu betrachtet wird. Und dann aber erzählt uns Murauer auch ganz alltägliche Geschehnisse und Überlegungen.

Mit anderen Worten: Unser Erzähler, sein neugieriger Onkel und seine weise Tante geraten in die Höhenflüge philosophischer Diskussionen. Und der Autor stellt ganz alltägliche Fragen und Probleme daneben, mit denen jeder halbwegs lebendige Mensch sich auseinandersetzt. Jeder Leser kann etwas von sich wiederfinden ..."

„Geben Sie mal her", unterbrach sie mich, nahm mir das Buch aus der Hand und begann, wie Berufsleser es so tun, erst hier, dann da zu blättern. Dann verhielt sie an einer Stelle, stützte sich auf, las, verhielt, las wieder – bis sie sich zusammennahm, das Buch zuklappte und energisch sagte: „Also, das geht so nicht, das muß ich genauer prüfen. Ich nehme es heute mit nach Hause. Das will ich ganz lesen. Und dann will ich gerne mit Ihnen darüber streiten."

„Einverstanden", meinte ich, „und dann lade ich noch ein paar Leute ein, die es auch gerade lesen. In einer Abendrunde streitet es sich schöner über Gott und die Welt, über die Rolle der Religionen und den Zeitgeist."

So soll es auch Ihnen gehen. Lesen Sie sich fest. Und wenn Sie beginnen, sich aufzuregen, über Gott oder Murauer oder sonstwen – dann: streiten Sie schön.

Für diejenigen, die es bereits kennen: Für diese Neuausgabe hat der Autor das Buch überarbeitet.

Und ich verspreche: Sie brauchen sich hier nicht mit einem Gott auseinanderzusetzen, schon gar nicht mit ‚dem Gott' – sondern mit dem Nachdenken über seine Anhänger und seine Gegner, über die Religion – und die Welt drumherum.

Wer die andere Meinung nicht kennt, kann keine eigene haben.

Viel Vergnügen wünscht
VITO VON EICHBORN

Die Menagerie der Philosophen

… und was sich daraus über menschliche Erkenntnis vermuten läßt

Woher meine Tante Sapientia ihren Fiat Lux bekommen hat, ist mir ein Rätsel. Er stand eines Tages plötzlich vor ihrer Haustür. Meine Versuche, etwas über seine Herkunft herauszufinden, sollten sich als unerwartet schwierig erweisen. Erinnern Sie sich noch, wie ein Fiat Lux Spider aussieht? Na ja, wahrscheinlich nicht. Es ist eine schon etwas betagte Art von Cabriolet, die man nur noch selten zu Gesicht bekommt. Die Serie, die gebaut wurde, war nicht sehr groß. Die Leute mochten das Modell nicht besonders. Zwar strahlt es unbestreitbar eine gewisse Eleganz aus mit seiner zwischen den runden Scheinwerfern heruntergezogenen Haube und dem flachen Heck mit den nach außen leicht ansteigenden Kotflügeln – ein wenig wie eine Art Nurflügelflugzeug auf der Straße. Aber dieses Auto war nie sehr zuverlässig. Es entwickelt gerne ein Eigenleben, trägt seine Besitzer gerade so weit, wie es will, bleibt dann mit einem Defekt liegen und überläßt es den Insassen, das weitere Geschehen flexibel in die Hand zu nehmen. Außerdem schließt das Verdeck nicht richtig. Auch wenn es zugeklappt ist, bläst immer ein frischer Wind herein und stört die Gemütlichkeit.

Wir waren alle sehr überrascht, daß sich Tante Sapientia ein solches Auto anschaffte. Sie hatte nämlich immer die Meinung vertreten, ein Auto habe ein preisgünstiges, sicheres und zweckmäßiges Transportmittel zu sein – so wie der Kombi von Onkel Curioso und ihr vorheriger Kleinwagen. Einige Leute, die genügend Geld hätten, könnten sich ja Sportwagen und Cabriolets kaufen, das mache die Welt ein wenig bunter. Sie selbst aber ziehe es vor, ihre begrenzten Mittel für andere angenehme

Dinge des Lebens einzusetzen, etwa dafür, ein reizvolles Kleid zu kaufen, gut zu essen oder die eine oder andere Reise zu unternehmen. Wie kam sie da zu diesem Fiat Lux? Gut, sie hatte immer eine gewisse Vorliebe für die Originalität italienischen Designs gezeigt – aber bei Autos und gerade bei diesem etwas in die Jahre gekommenen Auto, das doch noch nicht so ganz den Charme eines Oldtimers beanspruchen konnte? Außerdem kam Autofahren sowieso in ihren Kreisen immer mehr aus der Mode, und wer nicht darauf verzichten konnte oder wollte, setzte diese inzwischen fragwürdig erscheinende Tätigkeit jedenfalls eher verschämt und unauffällig fort.

Tante Sapientia lobte an ihrem neuen fahrbaren Untersatz gerade das, was anderen als Mangel erscheinen wollte. Der unvermeidliche Wind im Wageninneren mache den Kopf frei und klar und empfänglich für neue Gedanken. Wer zuverlässig zu einer bestimmten Zeit an einem bestimmten Ort sein müsse, der brauche selbstverständlich nicht in dieses Auto zu steigen. Wer aber etwas Muße habe, den könne es viel weiter bringen als jedes andere Verkehrsmittel. In diesem Auto werde einem auch der Weg schon zum Ziel. Und erstaunlicherweise pflichtete ihr Onkel Curioso bei, obwohl auch er immer eine streng vernünftige Einstellung dem Automobil gegenüber gepredigt hatte.

Übrigens hieß Tante Sapientia in Wirklichkeit Klara, und nur wenige Leute durften sie bei ihrem Spitznamen nennen. Den verdankte sie Onkel Curioso. Bevor Tante Sapientia auf Reisen ging, kaufte sie gerne wenigstens drei oder vier Reiseführer über das jeweilige Ziel und war dann auch meistens ziemlich gut vorbereitet. Man könne sich schließlich nicht einfach auf eine Meinung oder eine Perspektive verlassen, war eine ihrer Devisen, und außerdem sehe man mehr, wenn man vorher schon etwas wisse. Nachdem sie auf einer gemeinsamen Reise sehr hartnäckig die Baulichkeiten und Kunstschätze den inzwischen aufgrund der verschiedensten Veränderungen überholten Beschreibungen eines Reiseführers anzupassen versuchte, setzte Onkel Curioso ihren Spitznamen in die Welt.

Nun wollte sich Tante Sapientia durchaus noch eingehen lassen, daß sie Wissen, Verstand, Einsicht und ein gewisses Maß an Klugheit habe, aber es war ihr peinlich, sich Weisheit zuschreiben zu lassen (um so mehr, als sie recht gut wußte, daß Onkel Curioso ihren Spitznamen nur halbironisch meinte). Und deshalb durfte man sie nicht zu oft so nennen, wollte man es sich nicht mit ihr verscherzen.

Natürlich hatte sie sich bald revanchiert. Denn Onkel Curioso war ein Thomas, bevor sie ihn ein wenig in die romanisch-romantische Richtung verschönerte. Und schien mir auch der melodisch-künstlerische Klang seines Spitznamens lange Zeit wenig zu Onkel Curioso zu passen, so hatte Tante Sapientia doch ebenso gute Gründe für ihre Wahl wie er für die seine. Onkel Curioso war die Doppelbödigkeit rasch bewußt geworden, die sich seine Frau da erlaubt hatte, jenes Changieren zwischen Neugier und Seltsamkeit – dennoch trug er seinen Spitznamen mit Gleichmut.

Da ich auch ein wenig von seiner Wißbegierde im Blut habe, ließ mir die plötzliche Begeisterung der beiden für dieses komische Auto keine Ruhe. Und so lud ich mich bald ein, um wieder einmal ein Wochenende mit ihnen zu verbringen, wie ich es als Junge oft getan hatte.

Tante Sapientia und Onkel Curioso hatten selbst keine Kinder. Sie hätten gerne welche gehabt und wären sicherlich gute Eltern gewesen, aber es hatte nicht geklappt. Sie hatten deswegen ein vernünftiges Maß an Untersuchungen über sich ergehen lassen, waren aber der Meinung, man solle diesbezüglich auch nichts übertreiben. So schön es wäre, selbst Kinder zu haben, so hänge davon doch nicht das Glück ihrer Ehe und ihres Lebens ab. Außerdem habe die Kinderlosigkeit durchaus auch Vorteile, etwa größere zeitliche und finanzielle Ungebundenheit. Und betrachte man die Sache einmal unabhängig von dem persönlichen Wunsch, Kinder zu haben, gebe es selbst in den wohlhabenden Ländern schon zu viele Menschen, um erfreuliche Lebensumstände für alle ermöglichen zu können.

Eine Adoption hatten sie immer wieder erwogen, sich aber dann – obwohl sie viel Sympathie für ein befreundetes Ehepaar zeigten, das diesen Weg gegangen war – doch nicht dazu entschlossen.

Schon gar nicht kam für sie ein „Ersatzkind" oder „Kinderersatz" in Frage, wie man ihn so oft bei kinderlos gebliebenen Ehepaaren sieht, vorzugsweise in Gestalt eines Hundes. Obwohl Onkel Curioso einmal halb scherzhaft sagte: „Da könnten wir Beobachtungen zu der interessanten Frage unternehmen, wieviel und welche Art Bewußtsein höhere Säugetiere haben!", waren sie sich doch einig, daß ein Hund kein hinreichender Grund sei, um ihre Ungebundenheit erheblich einzuschränken, und daß sie sich da lieber mehr uns Neffen und Nichten widmen wollten. Außerdem sind ja, wie wir noch sehen werden, Katzen, Hühner, Stachelschweine und Affen, ja selbst Esel philosophisch renommiertere Tiere als Hunde.

Tante Sapientia las gern Romane und Geschichten. Dies gehörte zu ihrer Art, über das Leben nachzudenken. Sie hatte ein feines Gespür für den falschen Ton und das Klischeehafte. Onkel Curioso ließ sich immer mal wieder ein Buch von ihr empfehlen, bevorzugte selbst aber mehr philosophische Texte, vor allem solche, die sich um eine möglichst klare und einfache Sprache bemühen. Geistesgrößen, die es dem Leser schwerer als nötig machen, ihren Gedanken zu folgen, mochte er nicht. So etwa jenen preußischen Staatsphilosophen, der selbst einmal von sich sagte, er hätte noch ein Jahr an seiner „Logik" zu arbeiten gehabt, um sie hinreichend klar zu machen, dies jedoch unterlassen, weil ihn finanzielle Zwänge veranlaßt hätten, das Werk in Druck zu geben.

Für diesen Schlag von Philosophen hatte Onkel Curioso seine eigene Bezeichnung: „Extremisten der Abstraktion". Und im speziellen Falle des gerade erwähnten Denkers zweifelte er sehr daran, daß auch noch so viele weitere Arbeitsjahre ausgereicht hätten, um ihn mehr Klares und Zutreffendes schreiben zu lassen. Als wir einmal über dessen trotzdem (oder zum Teil auch deswegen?) erstaunliche Wirkungsgeschichte diskutierten, sagte Onkel Curioso: „Die hübscheste Einleitung, um sein Publikum auf die trotz allem unvermeidliche Beschäftigung mit Hegel vorzubereiten, hat der Theologe Hans Küng gefunden: ‚Hegel', sagt er, ‚ist freilich der schwierigste unter den notorisch schwierigen deutschen Philosophen. Und zähes Fleisch bekommt auch der raffinierteste Koch nicht weich.' Dabei verkündet Hegel in einer Abhandlung über das geistige Kunstwerk, ‚die besondern schönen Volksgeister' vereinigten sich ‚in ein Pantheon, dessen Element und Behausung die Sprache ist'. Wenn aber dieser selbe Herr uns dann in einem fort ungenießbare metaphysische Konstrukte auftischt – oft genug in holprigen Schlangensätzen, die mit sich selbst nicht fertig werden –, so erzeugt das bei mir alles andere als Stolz auf den philosophischen Geist unseres Volkes."

Besondere Freude hatte Onkel Curioso dagegen an guten Bildern und Gleichnissen, die er auch gerne selbst erzählte, wenn sich die Gelegenheit dazu ergab. „Sie treffen uns oft unmittelbarer, prägen sich stärker ein und beeinflussen uns nachhaltiger als die systematisch fortschreitende Erörterung", sagte er einmal zu mir. „Die Religionen haben sich das immer schon zunutze gemacht, und wir Philosophen sollten uns daran ein Beispiel nehmen. Allein mit unseren Fußnotentexten können wir in der weltanschaulichen Auseinandersetzung keinen Blumentopf gewinnen. Leider haben dies meist nur Leute mit einer gewissen Außenseiterposition in der Philosophie verstanden, und nur wenige Profis bringen Popularisierungsversuche von einigem Charme hervor.

Mit unseren wissenschaftsrituellen Verschränktheiten, so unentbehrlich sie bis zu einem gewissen Grade sind, ermüden wir auch viele gebildete Zeitgenossen recht rasch, und sie folgen uns nicht weit. Wenn Szczesny sehr treffend sagt, daß den kultivierten Menschen die bildlose und dürre ‚Weltanschaulichkeit' eines modernen Agnostizismus abstoße, da sie ihm keinen Anreiz zur ästhetischen Gestaltung und zum ästhetischen Genuß zu bieten scheine, so gilt dies ebenso für die dürre Wissenschaftlichkeit einer scheinbar weltanschauungslosen Philosophie. Wenn wir den Leuten schon so viele desillusionierende Inhalte bieten müssen und die Welt in mancher Hinsicht entzaubern, dann sollten wir uns wenigsten bemühen, das auch einmal in einer Form zu tun, die unterhält und Freude macht."

Und Tante Sapientia meinte dazu: „Für einen Mann hat Szczesny da den Nagel erstaunlich gut auf den Kopf getroffen. Und wenn ich auch glaube, daß dem religiösen Empfinden und den Religionen der Menschen größere Bedeutung zukommt, als du meinst, so habt ihr Agnostiker und Atheisten doch sicher recht, wenn ihr euch nicht als phantasielos, amusisch und gefühlskalt hinstellen lassen wollt. Du solltest aber nicht bloß immer deine Brüder im Geiste zitieren, sondern hin und wieder einmal daran denken, daß es kluge Frauen gibt, die euch schlagkräftig verteidigen und dabei gleich demonstrieren, wie man sich anschaulich ausdrückt.

So etwa Margaret Knight, wenn sie sagt, es sei ein Irrtum, die Atheisten alle miteinander für gefühllose Philister ohne Sinn für Schönheit, Achtung vor der Tradition und Sinn für Ehrfurcht und Ergriffenheit zu halten, für Menschen, die am liebsten die Kathedrale von Chartres niederreißen und an der gleichen Stelle eine öffentliche Wäscherei errichten möchten. Man müsse aber, bei aller Wertschätzung für die Kathedrale von Chartres und allem Verständnis für die Absichten ihrer Erbauer, einer derartigen Kulturleistung wegen ebensowenig an den Gott von Israel glauben wie angesichts des Parthenon an die griechische Göttin Athene."

Man sieht schon: Tante Sapientia und Onkel Curioso waren ein ganz munteres Ehepaar, auch wenn ihre Diskussionen nicht immer hart am Thema blieben, sondern oftmals von allen möglichen eigenartigen Assoziationen in die überraschendsten Richtungen getrieben wurden.

Die beiden hatten obendrein – mag auch die Auswahl, die meine Erinnerung trifft, manchmal einen etwas anderen Eindruck hinterlassen – die erfreuliche Eigenschaft, sich und andere nicht ständig mit ihrem Wissen zu bombardieren oder durch hochphilosophische Diskussionen zu enervieren. Genau wie andere Paare unterhielten sie sich meist über Alltagsdinge. Im Gegensatz zu manch anderen Paaren fehlten ihren Unterhaltungen allerdings jene Seitenhiebe und Bissigkeiten, die einem zeigen, daß die Liebe verloren gegangen ist und hier zwei Menschen nur noch aus Gewohnheit, äußeren Zwängen oder Angst vor der Einsamkeit zusammenbleiben.

Aber lassen Sie mich nicht zu sehr abschweifen. Sie müssen mir notfalls ein wenig auf die Finger klopfen und mich an das erinnern, wovon ich zu erzählen versprochen hatte. Schon in der Schule bin ich bei meinen Erörterungen manchmal über die Ausarbeitung der Einleitung nicht hinausgekommen und mußte dann schnell noch eine neue Gliederung erfinden, die es einigermaßen so aussehen ließ, als ob ein vollständig ausgearbeiteter Aufsatz vorliege.

Einmal war ich – ich dürfte damals 14 Jahre alt gewesen sein – bei den beiden zu Gast, und wir waren nach einem Ausflug recht früh zu Bett gegangen, ohne noch viel zu essen. Morgens weckte mich der Onkel auf, und meine ersten Worte waren: „Ist das Frühstück schon fertig?"

Damals glaubte ich noch, daß so harmlose Sätze auf keinen Fall den Ablauf des Lebens beeinträchtigen könnten. Onkel

Curioso aber antwortete: „Du erinnerst mich an Russells Katze."

Und schon waren wir in einer Unterhaltung, die das Frühstück in die Länge ziehen sollte.

„Wer ist Russell? Und was ist mit seiner Katze?"

„Bertrand Russell war ein englischer Lord, der die meiste Zeit seines Lebens zu wenig Geld hatte, außerdem bedenklich viele Ehefrauen und noch viel mehr abweichende Ansichten, die ihn sogar zeitweise ins Gefängnis brachten. Er war einer der großen Aufklärer des 20. Jahrhunderts. Er erhielt den Literaturnobelpreis für ein Sachbuch: ‚Ehe und Moral'. Er hat die Bilderwelt der Philosophen um seine Katze, sein Huhn, eine Kiste Orangen und eine chinesische Teekanne bereichert."

„Jetzt übertreib' es nicht, ein ganzer philosophischer Hausstand ist ein bißchen viel so früh am Morgen! Erzähl mir erst mal von der Katze."

„Also gut. Bertie fiel auf, daß seine Katze auch hungrig wurde, während er schlief."

„Na und? Das würde meine sicher genauso werden, wenn ich eine hätte, lange genug schlafen würde und sie in dieser Zeit nichts zu futtern erwischen könnte."

„Ja schon, aber Bertie zog ernsthaft in Erwägung, daß die ganze Außenwelt und natürlich auch die Katze nur in seiner Vorstellung existieren könnten. Der irische Bischof Berkeley hatte nämlich zweihundert Jahre vorher diese alte Gedankenspielerei der Philosophen zu neuem Leben erweckt."

„Ja, ich verstehe. Dann sollte die Katze allerdings nicht hungrig werden, solange er schläft und nicht gerade davon träumt, daß sie sich auf einer anstrengenden und vergeblichen Mäusejagd befindet."

„Genau zu diesem Schluß kam Bertrand Russell auch. Er meinte, es sei doch viel einfacher, anzunehmen, daß die Katze wirklich existiere und deshalb hungrig werde, auch wenn er nicht an sie denke und sie nicht beobachte. Daß sie nur in seiner Vorstellung existiere, sei zwar nicht eindeutig zu widerlegen, aber es gebe auch keinerlei gute Gründe für eine derartige Spekulation."

„Lustig, daß eine Katze für den gesunden Menschenverstand sorgt."

„Na, immerhin notierte schon Lichtenberg: ,Da saß nun der große Mann und sah seinen jungen Katzen zu.' Er scheint – wie so manches andere – auch die philosophische Karriere der Katze vorausgeahnt zu haben. Berkeley allerdings hätte sich von Russells geradliniger Denkweise nicht aus dem Konzept bringen lassen. Für ihn setzte die bloße Existenz einer wahrnehmbaren Welt einen unendlichen Geist voraus, war ihm Gottesbeweis. Daß der Hunger der Katze wächst, während ihr Besitzer schläft, hätte ihm nicht als Beweis für den Realismus gegolten: war doch die Idee der Katze die ganze Zeit in Gottes Geist vorhanden. Die Helfershelfer der Gottlosigkeit, sagt er, sollten nur versuchen, sich vorzustellen, wie irgend etwas unabhängig von einem Geist existieren könne, und sie müßten ohne weiteres von ihrer Torheit überzeugt sein."

Diese Unterhaltung liegt nun schon viele Jahre zurück. In der Zwischenzeit habe ich nicht etwa Philosophie, sondern ein anderes Fach studiert, das nach allgemeiner Meinung als praktisch nützlicher galt und mir gleichzeitig bessere Aussichten zu bieten schien, eine Art Studium generale zu verwirklichen und trotzdem eine wirtschaftlich zufriedenstellende Existenz zu erlangen. Danach war ich ohne größere Pause ins Berufsleben eingetreten. Meine Besuche bei Onkel Curioso und Tante Sapientia waren notgedrungen seltener geworden, obwohl wir uns unsere gegenseitige Zuneigung ebenso bewahrt hatten wie unser philosophisches Interesse (wenn ich mich auch darin mit den beiden nicht messen konnte).

Nun saßen wir also am Freitagabend bei Tisch, und Tante Sapientia hatte zur Feier meines Besuches Huhn mit

Fenchelgemüse gekocht, eine ihrer Spezialitäten, die sowohl Vorurteile über gebratene Hühner als auch die einsichtigsten philosophischen Betrachtungen über den moralischen Wert des Vegetarismus erheblich relativieren konnten. Sie hatte ihre Freude daran, daß es mir schmeckte.

„Sag einmal, Manfred", fragte sie mich, nachdem der erste Hunger gestillt war, „erinnerst du dich eigentlich daran, wie dir Curioso vor Jahren die Geschichte von Bertrand Russells Katze erzählt hat?"

„Ja natürlich, ich habe es seither immer mit der vom großen Bertie bekundeten Einstellung gehalten, die üblichen Glaubenssätze des gesunden Menschenverstands, wenn schon nicht in der Theorie, so doch in der Praxis zu akzeptieren. Und so hat auch der Gedanke, daß ich – um ein Bild Diderots für den Solipsismus zu gebrauchen – ein Cembalo sein könnte, das solo spielt, seit dieser Geschichte keine Versuchung mehr für mich bedeutet."

„Bei allem Pragmatismus", bemerkte daraufhin Onkel Curioso, „hat Bertrand Russell aber auch ganz andere Sachen von sich gegeben, so etwa, daß der Wert der Philosophie in der Ungewißheit liege, die sie mit sich bringe, und daß derjenige, der niemals eine philosophische Anwandlung gehabt habe, wie in einem Gefängnis in den Vorurteilen des gesunden Menschenverstands und den vorherrschenden Meinungen seines Zeitalters und seiner Nation eingeschlossen sei. Apropos, habe ich dir damals eigentlich erzählt, wie er auch das Huhn zum philosophisch respektablen Tier gemacht hat?"

„Nicht, daß ich mich daran erinnern könnte", sagte ich. „Aber jetzt hast du mich natürlich neugierig gemacht und mußt mir diese Hühnergeschichte auch erzählen!"

„Also gut. Da läuft ein Huhn auf dem Bauernhof herum, und jeden Tag kommt der Bauer und streut ihm Futter aus. Was also denkt sich das Huhn und denkt es sich mit jedem Tag mehr? Der Bauer meint es gut mit mir, er ist ein echter Wohltäter."

„Und eines Tages hackt er ihm den Kopf ab, und es kommt in die Suppenschüssel."

„Ja genau, da endet auch Bertrand Russells Huhn. So viel, meint er, könnte auch unsere Erfahrung taugen. Vielleicht erfassen wir damit die Welt auf eine ebenso beschränkte Weise wie jenes Huhn und verstehen unsere wahre Rolle in dem Schauspiel überhaupt nicht."

„Keine schlechte Geschichte. Aber welche Konsequenz sollen wir daraus ziehen? Wir können doch nicht mehr tun, als unsere Erfahrung immer wieder kritisch zu prüfen und so unsere Erkenntnis so weit wie möglich voranzutreiben. Ich sehe in der Geschichte jedenfalls keinen Grund für einen radikalen Erkenntnisskeptizismus oder für Resignation. Und schon gar nicht sehe ich darin eine Rechtfertigung für irgendwelche wilden Spekulationen, die uns angeblich die Erleuchtung über das wahre Wesen der Welt bringen sollen."

„Du hast schon recht", sagte Tante Sapientia. „Aber ein Argument gegen einen kurz angebundenen, naiven Realismus ist die Geschichte allemal, mag das auch nicht mehr sonderlich originell erscheinen. Vielleicht hätte einem besonders klugen Huhn ja eines Tages auffallen können, daß die Bauersfrau von Zeit zu Zeit mit einem seiner Mithühner unter dem Arm verschwand und dieses dann nie mehr gesehen wurde. Und es hätte so sein Schicksal wenigstens verstanden und vorhergesehen, auch wenn es ihm nicht hätte entrinnen können."

„Oh, so ein Huhn könnte sein Schicksal vielleicht schon verändern, wenn es den anderen von seinen Überlegungen berichten könnte und wollte."

„Jetzt komm aber, Onkel Curioso, du denkst doch wohl nicht an einen Aufstand im Hühnerhof", warf ich ein.

„Nein, ich dachte daran, daß ihm die anderen Hühner nicht glauben würden – ‚der Prophet gilt nichts im eigenen Stall' – und es sogar zu Tode hacken könnten, weil es den Glauben an ihren Wohltäter untergrabe und diesen in den Schmutz ziehe."

„Nicht sonderlich originell, kommt mir irgendwie bekannt vor", bemerkte Tante Sapientia. „Dein schlaues Huhn ist wohl aus einer Höhle gestiegen."

„Was soll jetzt das wieder? Ich habe noch nie von Hühnern gehört, die in Höhlen leben."

„Weißt du, Manfred, ich glaube, sie spielt auf den ersten Akademiker mit seinem Höhlengleichnis an. Ich gebe ja zu, Sapientia, daß ich ein wenig gestohlen habe. Ich dachte, du merkst es nicht gleich, weil das geistige Diebesgut schon 2400 Jahre alt ist."

„Also wieder Tucholsky: ‚Es gibt keinen Neuschnee'", sagte ich.

„Na ja, das meiste, was wie Neuschnee aussieht, ist in der Tat Schnee von gestern", lachte Onkel Curioso. „Aber wenn wir die Sache einmal ernsthaft betrachten, dann ist es doch so: Die Menschen haben zwar eine Neigung, diejenigen ihrer Mitmenschen anzufeinden und im Extremfall sogar zu töten, die imstande sind, aus der Höhle des vorherrschenden Wissens und der vorherrschenden Überzeugungen ihrer Zeit auszubrechen. Aber wenn solche Avantgardisten es erst einmal geschafft haben, ihre Ansichten auch nur ein wenig bekannt zu machen, dann gibt es für die Menschheit als Ganzes auf Dauer keinen Weg zurück mehr in die alte Höhle. Eine Mehrheit läßt sich vielleicht noch für lange Zeit (und sogar ‚freiwillig') an die Höhlenwände fesseln, aber die Rufe derjenigen, die draußen – oder jedenfalls in einer größeren Höhle mit mehr Öffnungen – herumlaufen, verstummen nicht mehr."

„Ja", sagte Tante Sapientia, „und vor allem dürfen wir nicht zu früh aufhören, wenn wir in Platons ‚Politeia' lesen. Er hatte nämlich gar nichts dafür übrig, daß nun diejenigen, die es zu etwas mehr Erkenntnis gebracht haben, sich darauf etwas zugute tun und daß sie sich in ihrer etwas größeren Höhle amüsieren und sich über die Gefangenen in der kleineren da unten lustig machen. ‚Ihr müßt also nun wieder herabsteigen zu der Wohnung der übrigen und euch mit ihnen gewöhnen, das Dunkle zu schauen‘, so oder so ähnlich sagte er. Man sollte also erst einmal auf die Zurückgebliebenen Rücksicht nehmen und verstehen, warum sie immer noch so denken wie früher. Platon plädierte zwar dafür, nur Auserwählte, die zur Führung des Staates berufen seien, auf eine höhere Stufe zu führen und sie zur Erkenntnis des Wahren und Guten anzuleiten. Aber auch hier geht es dann wie mit Schopenhauers respektive Goethes Besen.“

„Jetzt reicht's aber, Tante Sapientia“, rutschte es mir heraus. „Da kramst du schon wieder so einen philosophischen Haushaltsgegenstand hervor. Und ich weiß noch nicht einmal, was es mit Russells chinesischer Teekanne auf sich hat. Vielleicht sollte Onkel Curioso doch die Güte haben, mir zuerst einmal die Geschichten zu erzählen, die er mir schon seit langem schuldig ist.“

„Schimpf nicht“, sagte Onkel Curioso lächelnd. „Macht doch Spaß, so vom Hundertsten ins Tausendste zu kommen und doch nicht ganz ziellos herumzuirren. Also hör dir an, warum ein Besen philosophischer sein kann als ein Fiaker: ‚Das Gesetz der Kausalität‘, sagt Schopenhauer – und er hätte auch sagen können: das kritische Denken –, ‚ist also nicht so gefällig, sich brauchen zu lassen wie ein Fiaker, den man, angekommen, wo man hingewollt, nach Hause schicket. Vielmehr gleicht es dem von Goethes Zauberlehrling belebten Besen, der, einmal in Aktivität gesetzt, gar nicht wieder aufhört zu laufen und zu schöpfen.‘“

„Ich versteh' schon – war also nichts mit der Reservierung der Aufklärung für die staatstragenden Kräfte und ihrer Beschränkung auf das politisch erwünschte Maß, wie sich das Platon gedacht hatte.“

„Genau, allerdings bleibt die Frage, wie weit wir es selbst dann bringen können, wenn wir Erkenntnis und Wissen nach Kräften allen Menschen zugänglich machen wollen, die imstande sind, sie aufzunehmen. Denn in irgendeiner Weise bleiben wir immer in einer Höhle, in ‚der Höhle unserer Idole'. Wenn wir dem philosophisch veranlagten Lordkanzler König James' I. folgen, dann geht es uns mit dieser Höhle so ähnlich wie mit der russischen Puppe in der Puppe."

„Ich versteh' allmählich überhaupt nichts mehr", sagte ich.

„Na, so schwer ist das nicht zu verstehen", fuhr Onkel Curioso fort. „Francis Bacon hat das Höhlengleichnis im Jahre 1620 auf seine Weise fortgeführt: Nur den Ideen des göttlichen Geistes billigte er zu, wahre und vollkommene Erkenntnis zu erreichen. Uns Menschen aber stehe nur mit Mühe ein Zugang zur Wahrheit offen, denn unser Verstand werde von ‚Idolen' gefangen gehalten. Erstens den Idolen des Stammes, die in der menschlichen Natur selbst begründet liegen, so daß alle Wahrnehmungen der Sinne wie des Geistes nach dem Maß der Natur des Menschen, nicht nach dem des Universums geschähen. Zweitens den Idolen der Höhle, also jenen Einflüssen und Deformierungen, die aus den individuellen Veranlagungen und Erfahrungen auf die Erkenntnis wirken: ‚Denn ein jeder hat (neben den Abirrungen der menschlichen Natur im allgemeinen) eine Höhle oder eine gewisse nur ihm eigene Grotte, welche das Licht der Natur bricht und verdirbt.' Drittens den Idolen des Marktes, die sich aus unseren gesellschaftlichen, vor allem aber sprachlichen Gepflogenheiten ergeben: ‚Die Worte werden den Dingen nach der Auffassung der Menge beigeordnet. – Die Worte tun dem Verstand offensichtlich Gewalt an und verwirren alles. Sie verführen die Menschen zu leeren und zahllosen Streitigkeiten und Erdichtungen.' Viertens den Idolen des Theaters, nämlich den verschiedenen dogmatischen Behauptungen philosophischer und wissenschaftlicher Denkschulen, welche durch Tradition, Nachlässigkeit und Leichtgläubigkeit für gültig gehalten werden. ‚Diese nenne ich die Idole des Theaters: denn so viele Philosophien angenommen oder erfunden worden sind, so viele Fabeln sind nach meiner Auffassung damit geschaffen und für wahr unterstellt worden …' So gleicht der menschliche Verstand ‚einem Spiegel, der die strahlenden Dinge nicht aus ebener Fläche zurückwirft, sondern seine Natur mit der der Dinge vermischt, sie entstellt und schändet.'"

„Wenn unsere Erkenntnisfähigkeit durch so viele Dinge beeinträchtigt ist, dann stelle ich mir allerdings die Frage, ob wir nicht jenen Männern gleichen, die im Dunkeln einen Elefanten beschreiben sollen."

„Oho", sagte Onkel Curioso, „sieh sich einer den Youngster an, jetzt kommt er schon mit Geschichten, die nicht mal ich kenne."

Also durfte ich ganz stolz „meine" Geschichte erzählen, eine Geschichte, die nicht nur von unseren rosaroten oder sonstwie gefärbten Brillengläsern, von unseren Scheu- oder gar Augenklappen handelt. Nein, man kann sie auch – wie Erich Fromm – dazu benutzen, die Menschen zur Toleranz gegenüber den Anschauungen anderer aufzurufen: Drei Männer werden aufgefordert, im Dunkeln einen Elefanten zu beschreiben. Der eine, der den Rüssel berührt, sagt: „Dieses Tier ähnelt einer Wasserpfeife." Ein anderer, der das Ohr des Elefanten berührt, sagt: „Dieses Tier ähnelt einem Fächer." Und der dritte, der ein Bein des Elefanten abtastet, beschreibt das Tier als eine Säule.

„Oh, die Geschichte kenne ich doch schon", bemerkte Onkel Curioso zu meiner Enttäuschung. „Da hat der gute Erich Fromm den Geschichtenfundus Buddhas geplündert. Ein schönes Beispiel übrigens dafür, wie sich Geschichten beim Weitererzählen verändern. In der Version, die ich kenne, ruft nämlich der König von Benares zu seiner Zerstreuung drei von Geburt an blinde Bettler zusammen und setzt ihnen einen Preis für die beste Beschreibung eines Elefanten aus. Statt des Rüssels erwischt der eine den Schwanz und sagt, der Elefant sei wie ein

Seil. Derjenige, der das Ohr ergreift, beschreibt es als Palmenblatt und nicht als Fächer. Und der dritte schließlich, der an das Bein gerät, spricht von einem Baumstamm und nicht von einer Säule. Die Bettler streiten dann, und der König ist belustigt."

„Also selbst über die Dinge, die uns unmittelbar handgreiflich sind, können wir Menschen noch zu ganz unterschiedlichen Auffassungen kommen", sagte ich.

„Allerdings", antwortete Onkel Curioso. „Viel gefährlicher als der Streit der blinden Bettler sind jedoch die Auseinandersetzungen derjenigen unter uns, die meinen, sie seien selbst ein großer König oder Buddha, der den Elefanten gefangen habe. Und nun seien sie aufgrund des großen Überblicks und der alleinseligmachenden Erkenntnis, die sie besäßen, berechtigt oder verpflichtet, diese anderen Menschen aufzuzwingen. Und so ist diese Geschichte leider nicht notwendigerweise ein Aufruf zur Toleranz – es ist alles eine Frage der Interpretation."

„Respekt", frotzelte Tante Sapientia. „Damit wäre es euch so eben mal gelungen, die Menagerie der Philosophen bis zu den größten Lebewesen auszudehnen. Da hat Nietzsche die Begrenztheit unseres Erkenntnisvermögens schon in bescheideneren Dimensionen dargestellt: ‚Wir sind in unserem Netze, wir Spinnen, und was wir auch darin fangen, wir können gar nichts fangen, als was sich eben in *unserem* Netze fangen läßt.'"

„Selbst mit den Spinnen läßt sich also philosophisch gesehen etwas anfangen", schmunzelte Onkel Curioso. „Aber Nietzsches Bild, so wahr es am Ende bleiben mag, stellt unser Erkenntnisvermögen doch ein wenig pessimistisch dar. Denn zumindest müßte man uns mit Spinnen vergleichen, die im Verlauf ihrer Entwicklung gelernt haben, immer mehr Netze der verschiedensten Form und Maschengröße neben- und übereinander zu spannen und sich aus der darin verfangenen Beute ein immer besseres und heute vielleicht schon in vieler Hinsicht recht zutreffendes Gesamtbild über das sie umgebende Universum zu machen.

Schon die bloße Tatsache, daß der Mensch, zumindest was seine Ausbreitung als biologische Art angeht, bisher so unbestreitbar erfolgreich ist, spricht dafür, daß er in seinen durch die biologische und kulturelle Evolution geknüpften Erkenntnisnetzen zutreffendes Wissen über die Welt zu fangen weiß."

„Was das Wissen über die Welt angeht, hast du vielleicht recht", erwiderte Tante Sapientia, „obwohl mir da das schöne Bild Blakes in den Sinn kommt, wo er vom ‚Spiegelkabinett seines Geistes' spricht – und bei einem Spiegelkabinett denkt man schließlich auch an Zerrspiegel. Aber wenn wir einmal betrachten, inwieweit die Menschen auch Fortschritte in ihrer Lebensführung, in der Moral und in der Politik machen, dann scheint mir allzuviel Optimismus nicht am Platz. Da spannt der Mensch wohl weniger Netze aus, um darin etwas zu fangen, sondern erweist sich vielmehr selbst als Gefangener. So läßt denn Bernard de Fontenelle den Montaigne seiner ‚Totengespräche' sagen: ‚Ha! Machen die Menschen Erfahrungen? Sie sind wie die Vögel, die sich immer wieder in denselben Netzen fangen lassen, in denen man schon hunderttausend Vögel ihrer Art gefangen hat. Niemand tritt noch einmal ins Leben ein, und die Dummheiten der Väter sind für die Kinder verloren.'"

„Nicht schlecht", gestand Onkel Curioso mit einem anerkennenden Nicken zu. „Nietzsche hat schon gewußt, warum er die Dialoge Fontenelles ‚unsterblich' nannte und ihn in eine Reihe mit den anderen großen französischen Moralisten stellte. Im übrigen hat Fontenelle aber die relativ geringe soziale Lernfähigkeit der Menschen gar nicht so negativ gesehen, sagt doch eine andere Figur seiner Dialoge – und sei es auch der Brandstifter Herostrat – folgendes: ‚Herrschte Vernunft auf der Erde, würde sich gar nichts mehr auf ihr ereignen. Die Seefahrer fürchten aufs höchste, sagt man, jene windstillen Meere, auf denen man nicht segeln kann, und sie verlangen Wind auf die Gefahr hin, Sturm zu bekommen. Die Leidenschaften sind bei den Menschen Winde, die notwendig sind, um alles in Bewegung zu setzen, obgleich sie oft Unwetter verursachen.'"

„Da hast du also, wie es so deine Art ist, einmal mehr die Kurve zu einem eher optimistischen Nachtgedanken gekriegt", sagte ich.

Und Tante Sapientia mahnte: „Jetzt wollen wir aber für heute Schluß machen. Sollten die Wetterfrösche ausnahmsweise wieder einmal recht haben, dann steht uns morgen ein schöner Frühlingstag bevor. Und wenn wir frühzeitig zu einem Ausflug in unserem Cabriolet starten wollen, dann wird es jetzt wirklich Zeit, ins Bett zu gehen."

Buridans Esel und Pyrrhos Spaziergang

Leben heißt, sich zu entscheiden

Ich schlief unruhig und träumte von einer Höhle, in der ich mich verirrt hatte und vergeblich nach dem Ausgang suchte. Dies war ein Traum, der mich immer wieder einmal verfolgte, seit mich in meiner Jugend die Geschichte von Tom Sawyers Höhlenabenteuer beeindruckt hatte. Der Traum blieb mir auch als Erwachsener noch treu, und ich schmückte ihn in verschiedenster Weise aus, zum Beispiel mit steinzeitlichen Gestalten, die gerade dabei waren, im Schein von Fackeln ihre Jagdzauberbilder an die Wände zu malen. Diesmal allerdings waren die Wände voller Katzen und Hühner, und der Maler hatte mit seinem grauweißen Haarschopf und der markanten Nase große Ähnlichkeit mit den Fotografien, die ich von Bertrand Russell in seinen späten Jahren gesehen hatte. Plötzlich drehte er sich zu mir um und sagte: „Jeder hat seine Welt, und doch gibt es eine Welt, die für alle zählt." Danach erwachte ich für einen Moment – so wie es in jenen Träumen, in denen man irgendwo hinunterstürzt, kurz vor dem Aufprall geschieht – und fiel dann in einen erinnerungslosen Schlaf.

Mit dem frühen Start zu unserem Ausflug wurde es nichts. Wenn es nicht zur Arbeit ging oder ein Zug oder ein Flugzeug zu erreichen war oder das Tagesprogramm sonstwie unbedingt einen frühen Aufbruch erforderte, wollte keiner von uns dreien durch einen Wecker aufgeschreckt werden. Also folgten wir wieder einmal unserem gemeinsamen spontanen Tagesrhythmus, der uns etwa um halb neun erwachen ließ. Dann war erst einmal ein gemütliches Frühstück angesagt. Dafür waren wir aber auch abends immer ziemlich munter und vor Mitternacht kaum ins Bett zu bekommen.

Das Haus von Onkel Curioso und Tante Sapientia lag an einem Berghang am Stadtrand und bot einen herrlichen Ausblick über die Mittelgebirgslandschaft und die angrenzende Ebene. Onkel Curioso legte immer großen Wert darauf, sich einen Überblick zu verschaffen. Wenn er eine fremde Stadt besuchte, stieg er nach Möglichkeit auf einen Turm, und auch in der freien Natur suchte er gerne nach Aussichtspunkten. Der Ausblick war für ihn ein wesentliches Argument bei der Auswahl des Bauplatzes für das Haus gewesen, ein Argument, das alle Nachteile eines Hanggrundstückes überwog. Im Grunde war ihm das Panorama zwar vor allem eine ästhetische Annehmlichkeit und ein entspannendes Moment im Alltagsleben, aber er hatte bisweilen Freude daran, der Sache eine darüber hinausgehende Bedeutung zukommen zu lassen, indem er Schopenhauer als Zeugen anrief: „Eine schöne Aussicht ist daher ein Kathartikon des Geistes, wie die Musik, nach Aristoteles, des Gemüthes, und in ihrer Gegenwart wird man am richtigsten denken."

Nun gehörten Onkel Curioso und seine Frau nicht zu jenem Typus von Intellektuellen, der die Naturwissenschaften für philosophisch irrelevant hält. Und so konnte man bei anderer Gelegenheit auch erleben, wie einer jener Besucher, die voller Bewunderung über die schöne Aussicht waren, sich plötzlich mit dem Hinweis konfrontiert sah, daß unsere Vorliebe für Aussichtspunkte und Überblicke über Landschaften wohl zu einem ganz erheblichen Teil mit einem uns evolutionär zugewachsenen Explorations- und Sicherungsverhalten zu tun habe.

Andererseits mußte sich ein recht bekannter Evolutionsbiologe, der es gewagt hatte, Onkel Curiosos Begeisterung für den privaten „Mirador" allzu selbstverständlich in diesem Sinne zu erklären, relativ schroff der biologistischen Vereinfachung zeihen lassen.

Früher hatten die beiden sehr hart gearbeitet. Und Onkel Curioso sagte einmal: „Von hier oben bekomme ich selbst dann noch einen Eindruck von der Landschaft und vom Wechsel der Jahreszeiten und der Witterung, wenn ich bis zum Hals in Arbeit stecke. So ein Ausblick gibt mir das Gefühl der Weite und des Abstands. Blickt man von oben auf die Welt und die Natur, dann relativiert sich so manches Problem."

Das Haus selbst war auf den ersten Blick recht unauffällig und blieb durchaus im Rahmen des in der Umgebung bevorzugten Baustils: weißgekalkte Wände, braunes Holz, überstehendes rotes Ziegeldach. Und doch war es durch seine Schlichtheit und seine klaren Linien schon wieder außergewöhnlich. Die beiden hatten dem Architekten und den Handwerkern außen und innen alle rustikalen Schnörkel abgeschminkt. Kein Balkongeländer im Laubsägestil, keine schmiedeeisernen Laternen, keine Rundbögen, keine Holzdecken. Die Inneneinrichtung des hellen, lichtdurchfluteten Hauses lebte vom Kontrast aus konsequent modernen Möbeln und einigen wenigen Antiquitäten, gute Qualität mit klaren Linien, aber nichts Prunkvolles, lediglich bürgerliche Möbel. Surrogate waren hier unerwünscht. Auch haßten beide vollgestellte Räume. Und so hatte man Platz, um sich zu bewegen und wahrzunehmen, daß sich in diesem Haus nicht einfach nur alles Mögliche angehäuft hatte oder bloße dekorative Beliebigkeit herrschte, daß hier nicht nur gewohnt, sondern auch ein gestalterisches Konzept verfolgt wurde.

Allerdings machte diese großzügige Art zu wohnen auch eine ganze Menge Arbeit, weshalb Tante Sapientia manchmal mit dem Gedanken spielte, in höherem Alter in ein kleineres Haus oder gar eine Etagenwohnung unten in der Stadt zu ziehen. Damit stieß sie aber bei Onkel Curioso auf wenig Gegenliebe.

„Ich weiß schon", sagte sie dann. „Dir macht das alles wenig aus. Der Haushalt bleibt eben doch noch immer zum größeren Teil an uns Frauen hängen. Und es ist auch kein Wunder, daß dich der Aufwand für das Haus weniger aufregt, nachdem ja der Satz von Wilhelm Busch ,Die Hausbesitzer und die

Philosophen haben immer Reparaturen' eines deiner Lebensmotti darstellt."

„Da hast du nicht unrecht, liebe Frau", antwortete Onkel Curioso. „Irgend etwas muß man schließlich zu tun haben. Wenn es gar nichts mehr zu reparieren gibt, dann sind sie beide dem Tode nahe, der Hausbesitzer und der Philosoph. So müssen die Hausbesitzer letztlich froh sein um den Zahn der Zeit und die Philosophen um den Biß ihrer Kritiker. Die Hausbesitzer leisten sich deswegen zum Beispiel einen Holzbalkon, obwohl sie wissen, daß sie daran recht bald wieder die von den Unbilden des Wetters hervorgerufenen Schäden beseitigen müssen. Und die Philosophen lehnen sich mit Definitionen und Theorien aus dem Fenster, von denen sie wissen müßten, daß sie keinen Bestand haben und höchstens einen Teil der Wahrheit erfassen.

So wie in jener Geschichte über Platon, dergemäß dieser die Definition aufstellte, der Mensch sei ein federloses zweifüßiges Tier, und dafür einigen Beifall erhielt. Woraufhin ihm Diogenes einen Hahn in seine Schule brachte, dem er die Federn ausgerupft hatte, und ihn mit den Worten vorstellte: ‚Das ist Platons Mensch.' Daraufhin soll Platon seiner ursprünglichen Aussage den Zusatz ‚mit abgeplatteten Nägeln' hinzugefügt haben."

„Er hat aber auch unsere Erkenntnisse mit verschiedenartigen Vögeln verglichen, die in unserer Seele herumflattern, als seien sie in einem Taubenschlag eingesperrt", sagte Tante Sapientia. „Und wenn wir sie wieder einzufangen versuchen, können wir uns vergreifen und wissen nicht mehr, was sie wert sind. Bei der Geschichte mit dem Hahn hatte Platon wohl so einen schlechten Tag. Schwächere Denker haben solche Tage dauernd, und das ist einer der Gründe, warum ich mit der Philosophie nicht allzuviel am Hut habe. Zwar kannst du als nächstes behaupten, die Geschichte zeige auch, daß die Philosophen immerhin zur Revision ihrer eigenen Unzulänglichkeiten in der Lage seien. Ich aber muß da an die Stelle in Brechts ‚Geschichten vom Herrn

Keuner' denken, wo Herr K. gefragt wird: ‚Woran arbeiten Sie?' Und er antwortet: ‚Ich habe viel Mühe, ich bereite meinen nächsten Irrtum vor.'"

„Schön", antwortete Onkel Curioso. „Und doch haben viele Philosophen etwas mehr zuwegegebracht als Irrtümer und Anregungen für anekdotische Scherze. Nur werden ihre Einsichten dann mit der Zeit oft allzusehr ‚abgeplattet', banalisiert. Denk nur einmal an jenen angeblichen Ausspruch des Heraklit: ‚Alles fließt' oder – in Goethes Worten – ‚Ach, und in demselben Flusse schwimmst du nicht zum zweitenmal'. Bei Heraklit findet sich das nirgends. Sein Fragment, auf das diese Formulierungen zurückgehen, steht keineswegs so schlicht unter dem Eindruck der Vergänglichkeit. Wenn wir Günther Patzigs schöner Übersetzung folgen, so heißt es da: ‚Denen, die in dieselben Wasser steigen, strömen andere und andere Wasser entgegen'. Das ist viel komplexer. Nicht nur Vergänglichkeit, sondern auch Beständigkeit kommt da zum Ausdruck – zum Beispiel in den Naturgesetzen und im menschlichen Denken und seinem bei allem Wandel der Welt andauernden philosophischen Bemühen.

Oder, um noch einmal auf Platon zurückzukommen: Statt dieser anekdotischen Geschichte vom federlosen zweifüßigen Tier sollten wir uns, um ihm gerecht zu werden, neben dem Höhlengleichnis lieber auch an sein Gleichnis über das gespaltene Wesen der menschlichen Seele erinnern, das er uns im ‚Phaidros' erzählt. Er vergleicht unsere Seele (im Gegensatz zu der bruchlosen und vollkommenen göttlichen Seele) mit der zusammengewachsenen Kraft eines geflügelten Gespanns und seines Führers. Eines der beiden Rosse ist lichtfarben, schön gebaut, besonnen und gehorcht der Vernunft. Das andere ist schwarz, plump, starrsinnig und triebhaft. Des Führers Aufgabe ist es, dieses Roß so zu zähmen, daß es sich seiner Überlegung unterwirft. Und doch mag es beim Trunk oder in einem anderen unbesorgten Augenblick die Oberhand gewinnen."

„Manchmal frage ich mich schon, was wir in unserem Griechisch-Unterricht eigentlich getrieben haben", sagte Tante Sapientia nachdenklich. „Irgendwie sind wir nie bis zu den wirklich interessanten Sachen vorgedrungen oder haben sie jedenfalls vor lauter Übersetzungsarbeit nicht so richtig mitbekommen. Zwar klingt da in Platons Leib-Seele-Dualismus schon ein wenig von der Leibfeindlichkeit an, die dann die christlichen Jahrhunderte beherrschte, aber andererseits bringt er in zeitlos gültiger Form Gegensätze zum Ausdruck, die für uns Menschen – vor allem aber natürlich für euch Männer – bestimmend sind."

„Letzteres scheint mir nicht so sicher", gab Onkel Curioso zurück. „Eure schwarzen Rößlein haben vielleicht nur etwas andere Laster."

Wir wollen uns aber nicht zu sehr in der Philosophia perennis verlieren. Lassen Sie mich noch einmal auf Naheliegenderes und Vergänglicheres zurückkommen, auf Onkel Curiosos und Tante Sapientias Heim nämlich. Die schöne Lage des Hauses, mit dem großen, in den angrenzenden Wald übergehenden Garten, machte nicht nur Freude, sondern brachte auch Ruhe ins Leben, weil man durch sie sehr viel weniger den Wunsch hatte, an jedem freien Tag gleich zu irgendwelchen Ausflügen aufzubrechen. Auch ich hatte das bei meinen Besuchen oft so empfunden.

Diesmal allerdings trieb mich meine Neugier um. Ich konnte es kaum erwarten, endlich Tante Sapientias neuen fahrbaren Untersatz, den Fiat Lux, zu besteigen. Doch dann hielt sich meine Begeisterung erst einmal in Grenzen. Zwar war der Himmel strahlend blau, aber es war noch zu kalt, um mit offenem Verdeck zu fahren. Mir blieb nur der Notsitz, und ich war bei meiner Größe und dem geringen Beinabstand in eine ziemlich unbequeme Position gezwungen.

Bald rollten wir in mäßigem Tempo auf der Landstraße dahin. Onkel Curioso fuhr – wie meist bei gemeinsamen Ausflügen.

In diesem Punkt hatten die beiden noch die traditionelle Rollenverteilung beibehalten. Tante Sapientia ließ sich nämlich gerne chauffieren. Sie waren aber beide gute Autofahrer und gaben – im Gegensatz zu vielen anderen Paaren – kaum jemals einen Kommentar zur Fahrweise des anderen ab.

Onkel Curioso betrachtete den Geschwindigkeitsrausch seiner Mitbürger als eine Art von Massenhysterie – nach Kräften gefördert durch wirtschaftliche Interessen. „Bei unserem Straßennetz und unseren technischen Möglichkeiten müßten wir Weltspitze in puncto Verkehrssicherheit sein", sagte er. „Wenn die Leute an den Straßenverkehr auch nur annähernd die Sicherheitsansprüche herantragen würden, wie sie dies bezüglich mancher marginaler Umweltrisiken tun, dann müßte es auf unseren Straßen völlig anders aussehen."

„Klar", sagte Tante Sapientia, „aber beim motorisierten Individualverkehr gelten andere Gesetze. Hier lassen die Menschen allen möglichen, mehr oder weniger atavistischen psychischen Bedürfnissen und Neigungen ihren Lauf: Aggression, Rivalität, Jagdbegeisterung, Freiheitsillusion. Nehmt nur einmal diese dumme Geländewagenmode. Über das Gefühl, frei zu sein, überall durchzukommen, sich durchsetzen und Grenzen überschreiten zu können, verkauft man diese Ungetüme als Mode- und Prestigeobjekte auch einer Vielzahl von Leuten, die sie gar nicht brauchen."

„Man kann's auch als eine der modernen Versionen von ‚Brot und Spiele' sehen", fügte Onkel Curioso hinzu. „Wie bei den Spielen der Antike geht's nicht sonderlich human zu. Manche Zuschauer treten jetzt gleichzeitig selbst als Gladiatoren auf, andere werden schlicht zu Menschenopfern."

„Hab' ich nicht ganz kapiert", sagte ich.

„Ich habe doch sehr den Eindruck", fuhr Onkel Curioso fort, „daß diese irrationale, angeblich freiheitliche Art des Straßenverkehrs gerade in Deutschland immer mehr als eine

Art Ventil herhalten soll, das die Bürger für die Exzesse an dirigistischer Bürokratie entschädigt, mit denen ihnen Funktionärsund Politikerkasten, denen Kontroll- statt Motivationsdenken und die Neigung zum faulen Kompromiß zur zweiten Natur geworden sind, die Freiheit zusehends beschneiden."

Allerdings hatte Onkel Curioso auch Tage, an denen er selbst ganz schön flott fuhr, vor allem, wenn er in Eile war. „Es macht einfach keinen Spaß, wenn die anderen dauernd links an dir vorbeizischen und du immer einer der wenigen Vernünftigen sein sollst", sagte er. „Und daß Schnellfahren Vergnügen bereiten kann, ist nicht zu bestreiten." Eines Tages benutzte er bei einer solchen Gelegenheit, halb scherzend und doch mit ein wenig schlechtem Gewissen, eine Feststellung Senecas als entschuldigenden Wahlspruch: „Die Philosophen leben nicht so, wie sie lehren. Doch viel bedeutet es schon, daß sie ihr Ideal in Worte fassen."

„Seneca formuliert das noch recht positiv", hatte Tante Sapientia geantwortet. „Das moderne Bonmot ‚Der Philosoph ist wie ein Wegweiser: er zeigt den Weg, aber er geht ihn nicht selbst!‘ wirft da schon ein wenig mehr Schatten auf das Ansehen der Philosophen."

An diesem Tag allerdings war Onkel Curioso offensichtlich entschlossen, vernünftig und gemütlich zu fahren. So konnte ich in Ruhe die Landschaft betrachten, die sich mit dem ersten Frühlingsgrün schmückte. Bald wanderten meine Gedanken zurück zu der Frage, was die beiden wohl zum Erwerb dieses Autos veranlaßt hatte. Meine Erkundigungen, wo sie es denn herbekommen hätten, stießen auf äußerst ausweichende Antworten.

„Aus zweiter Hand" – mehr war aus Tante Sapientia nicht herauszubringen. Meine Neugier wurde dadurch natürlich nicht geringer.

Als ich den Innenraum etwas genauer inspizierte, fiel mir das ungewöhnliche Aussehen des Radios in der Mittelkonsole auf. Es sah nicht gerade aus wie ein Bordcomputer neuester Bauart, aber ebensowenig schien es eines der üblichen Autoradios zu sein, schon gar nicht eines, wie sie zur Entstehungszeit dieses Autos üblich gewesen waren.

„Was habt ihr denn da für ein seltsames Stück Unterhaltungselektronik?", fragte ich.

Tante Sapientia lachte. „Sollen wir's ihm schon zeigen?" fragte sie Onkel Curioso.

„Doch nicht während der Fahrt. Ich habe keine Lust, mich bei der Rückkehr plötzlich in irgendeiner brenzligen Verkehrssituation wiederzufinden."

„Was soll das nun wieder bedeuten?", fragte ich.

„Du wirst schon sehen", antwortete Onkel Curioso. Wenig später bog er in einen Waldweg ein, fuhr noch ein Stück, bis die Straße außer Sicht war, und parkte dann am Wegesrand.

„Ich wollte eigentlich eine etwas längere Spritztour mit eurem neuen Auto machen und nicht einen eurer berüchtigten, stundenlangen Waldspaziergänge", wagte ich einzuwenden.

„Keine Sorge", sagte Tante Sapientia und schaltete das seltsame Gerät in der Mittelkonsole ein. Neben dem radioähnlichen Gehäuse hing offensichtlich ein Handy – mit der üblichen Tastatur, über die man mit einiger Umständlichkeit außer Zahlen auch die Buchstaben des Alphabets durch ein- oder mehrmaliges Betätigen der verschiedenen Tasten eingeben kann. Onkel Curioso nahm es aus der Halterung und fing an, damit herumzuspielen.

„Ich muß mich schon wundern", sagte ich. „Früher seid ihr in den Wald gefahren, um eure Ruhe zu haben, die Natur und die frische Luft zu genießen. Und jetzt glaubst du auf deine alten Tage auch noch, du müßtest telefonieren, wo du gehst und stehst. Das Piepen können aber die Vögel hier viel besser als dein komisches Elektronikspielzeug."

Onkel Curioso schaute Tante Sapientia verblüfft an.

„Jetzt hör' dir diesen vorlauten Knaben an, mein Schatz, man könnte meinen, wir hätten uns da so einen jugendlichen

Protestler aufgehalst. Dabei sagen doch die Leute schon alle ‚Sie‘ zu ihm und tun so, als sei er ein Erwachsener.“

Tante Sapientia lachte. Die beiden sahen aus wie zwei Studenten, die gerade ihre erste große gemeinsame Reise in den Semesterferien angetreten hatten, nicht wie ein seit vielen Jahren verheiratetes Ehepaar.

„Er wird gleich kapieren, was hier läuft“, sagte sie.

Onkel Curioso aber konnte den Blick nicht von ihr wenden und sagte: „Da fällt mir gerade dieser schöne Satz unseres keineswegs immer misanthropischen Schopenhauer ein, mit dem er beiläufig bemerkt, daß das, was für eine schöne Gegend der aus den Wolken plötzlich hervorbrechende Sonnenblick, für ein schönes Gesicht der Eintritt seines Lachens ist. Daher *ridete, puellae, ridete*!“‘

„Du alter Schmeichler!“, antwortete Tante Sapientia. „Willst du irgendwas Besonderes von mir, daß du solche poetischen Anleihen nimmst?“

Auf dem kleinen Display des ominösen Apparats stand jetzt: „Wollen Sie einen Begriff eingeben?“

Tante Sapientia drückte auf die Bestätigungstaste und es erschien: „Bereit zur Begriffseingabe“.

Ich begann mir allmählich die Frage zu stellen, ob der Spieltrieb, der sich neuerdings bei Tante Sapientia und Onkel Curioso trotz ihres bereits fortgeschrittenen Lebensalters so verstärkt zu äußern schien, nicht doch schon als Zeichen einer bedenklichen Persönlichkeitsveränderung zu werten sei. Daß sie dieses komische Auto erworben hatten, ließ ich mir noch eingehen. Aber daß sie nun an einem strahlenden Frühlingstag mitten im Wald offenbar eine Art Computerspiel veranstalten wollten, erschien mir einigermaßen eigenartig.

„Bevor du weitermachst, sind wir ihm eine Erklärung schuldig“, sagte Onkel Curioso. „Sonst erschrickt uns der Herr Neffe vielleicht allzusehr.“

„Da magst du schon recht haben. Also paß' auf, Manfred. Was du hier siehst, ist natürlich kein Radio – darauf bist du sicher schon selbst gekommen – und mit einem Handy hat es auch nichts zu tun."

„Ja, aber was ist es dann? Sieht nicht aus wie einer dieser recht schlichten Bordcomputer, die einem sagen, wieviele Kilometer man noch bis zum nächsten Tankstop fahren kann oder wieviel Sprit man bei der momentanen Fahrweise verbraucht. Sieht aber auch nicht aus wie eines dieser schon etwas raffinierteren Navigationssysteme, die einem mit freundlicher Frauenstimme sagen: ‚Zur Milchstraße erste Abzweigung nach oben abbiegen.' Und für einen jener Computer, mit denen man ‚fensterln gehen' und sich häppchenweise Wissensbrocken erklicken kann, fehlt der nötige Bildschirm."

„Genau, du weißt, was du nicht weißt. Das Ding hier ist nämlich eine BEZUG."

„Sagt mir gar nichts, ist wohl schon wieder eine neue und nicht übermäßig geschickte Abkürzung dieser EDV-Fritzen."

„So ungefähr. BEZUG bedeutet: begriffsgesteuerte Zeitmaschine zur Untersuchung der Geistesgeschichte."

„Ich glaube, ihr wollt mich auf den Arm nehmen. Ihr seid wohl auch schon von dieser Esoterik- und Parapsychologie-Mode infiziert. Ihr solltet vielleicht demnächst einige Sitzungen bei Achenbach machen, ihr wißt schon, jenem Herrn, der auf die Idee gekommen ist, daß auch Philosophen als Lebensberater, als ‚philosophische Praktiker', ihr Brot verdienen könnten. Der stellte nämlich einmal so schön fest, es gebe bei der von der Kirche nicht mehr beaufsichtigten Intelligenz so immensen Mist, daß man sich frage, wofür wir die Aufklärung überhaupt gehabt haben."

„Offenbar tut unserem Manfred das Frühlingswetter nicht gut", bemerkte Tante Sapientia. „Er ist heute wirklich recht aggressiv."

„Jetzt gib' lieber acht, was passiert, Manfred", sagte Onkel Curioso, „bevor du hier lauter so flotte Reden führst. Du gibst einen Begriff ein und erlebst dein blaues Wunder. So ziemlich das einzige, worauf man sich verlassen kann, ist offenbar, daß das Abenteuer, das einem bevorsteht, noch am selben Tag wieder zu Ende geht."

Und Tante Sapientia fügte hinzu: „Weil du unser Gast bist, darfst du heute den Begriff wählen, den wir eingeben."

Ich war erst einmal einigermaßen ratlos und versuchte einen Anhaltspunkt dafür zu finden, welche Art von Begriff hier wohl gewünscht sein könnte. Aber da war keine Hilfe von den beiden zu bekommen. Also dachte ich mir, der Begriff sollte kurz sein, damit die Eingabe nicht zu mühsam wird, und er sollte schlicht sein, weil Onkel Curioso und Tante Sapientia hochgestochene Sachen noch nie gemocht hatten. Gestern war es doch mit Katze und Huhn philosophisch recht interessant geworden, warum es nicht einfach noch einmal mit einem Tiernamen versuchen?

„Nehmen wir doch einfach ‚Esel'", schlug ich zu guter Letzt vor.

„Warum nicht", murmelte Tante Sapientia, gab die Buchstaben ein und drückte die Eingabetaste. Da war der Wald plötzlich weg, wir schienen einen Moment lang durch dichten Nebel zu fliegen und fanden uns dann in einer höchst seltsamen Umgebung wieder.

Wir fuhren durch eine schmale, holprige Gasse auf einen Platz hinaus, auf dem eine Kirche stand. Es war eine schlichte romanische Hallenkirche mit fünf Rundbogenfenstern, an die man offensichtlich in gotischer Zeit ein Querschiff und einen Chor mit Strebepfeilern angestückelt hatte. Der massive Turm schien eher zu einer Burg als zu einer Kirche zu passen.

„Kommt mir irgendwie bekannt vor", sagte Onkel Curioso.

„Solltest du auch kennen", antwortete Tante Sapientia. „Von unserer Hochzeitsreise nämlich. St. Germain-des-Prés in Paris, links der Seine, unweit der Sorbonne."

„Du hast recht. Dein Orts- und Namensgedächtnis möchte ich haben, wirklich beneidenswert."

„Die Kirche hättest du dir schon merken können. Nicht nur, weil unser damaliges Hotel mit dem romantischen kleinen Mansardenzimmer ganz in der Nähe lag, sondern auch, weil das doch eine ziemlich philosophische Ecke von Paris ist. In einer Chorkapelle der Kirche ist Descartes begraben, der – obwohl er noch nicht wissen konnte, was manche unserer postmodernen und sonstigen philosophischen Zeitgenossen äußern würden – schon damals schrieb, man könne sich nichts noch so Seltsames und Unglaubhaftes denken, das nicht von irgendeinem Philosophen irgendwann einmal gesagt worden sei. Und ganz in der Nähe trafen sich in den vierziger und fünfziger Jahren in den Cafés die existentialistischen Zirkel um Sartre und Camus."

„Ja, ja, ich weiß schon, ich kann mir so manches nicht merken", antwortete Onkel Curioso. „Aber Descartes' Geschichte von den Affen fällt mir jetzt ein, wo wir doch gestern so viel von philosophischen Tieren geredet haben."

„Die kenne ich wiederum nicht, erzähl' sie uns", verlangte Tante Sapientia.

„Descartes hat damals mitbekommen, in welche Schwierigkeiten Galilei geraten war, weil er veröffentlichte, was er für die Wahrheit hielt. Descartes aber wollte seine Ruhe. Also schrieb er an einen Freund, die Welt werde sein Werk nicht eher zu sehen bekommen als hundert Jahre nach seinem Tode. Dann ließ er sich aber doch verleiten, etwas von seinen Überlegungen zu veröffentlichen. Und wenn er auch Gott noch so entschieden verteidigte und unter anderem betonte, der könne keinesfalls ein Betrüger sein, der den Menschen in die Irre führe, so wurde er doch prompt massiv von verschiedenen Predigern und Theologen angegriffen, die sehr genau spürten, daß der von ihm an den Anfang des Denkens gestellte radikale Zweifel, trotz aller gegenteiligen Beteuerungen, das Christentum von der Wurzel her bedrohte.

Descartes aber gab sich selbst die Schuld: ‚Wäre ich so klug gewesen, wie nach der Meinung der Wilden die Affen sind, so würde kein Mensch in der Welt wissen, daß ich Bücher schreibe. Die Wilden nämlich, so sagt man, bilden sich ein, daß die Affen sprechen könnten, wenn sie es nur wollten; sie täten es aber absichtlich nicht, damit man sie nicht zum Arbeiten zwinge. Ich bin nicht so klug gewesen, das Schreiben zu lassen. Darum habe ich nicht mehr so viel Ruhe und Muße, als ich durch Schweigen behalten hätte.‘“

„Das kommt davon, wenn man allzusehr auf die eigene Vernunft setzt und sich so mit dem Affen Gottes einläßt“, meinte Tante Sapientia.

„Wieso mit dem Affen Gottes?“, fragte ich.

„Das ist von alters her eine Bezeichnung der Theologen für den Teufel, der Gott mit seiner Sophisterei nachäfft und anstelle der tiefen göttlichen Weisheit ein groteskes Zerrbild herstellt, damit die Menschen dieses mit ihr verwechseln sollen.“

„Die armen Affen“, seufzte Onkel Curioso. „Nicht nur faul, auch noch diabolisch sollen sie sein. Aber es ist nicht die Teufelsmystifikation, an der insbesondere das Papsttum heute noch in immer neuen modernistischen Wendungen festhält, die einem den Schlaf rauben kann. Vielmehr sind es jene bösen Mitmenschen, die ihre sinistren Ziele mit großer Energie und Ausdauer verfolgen.“

Während Tante Sapientia und Onkel Curioso damit beschäftigt waren, zunächst unsere Position festzustellen, dann in Erinnerungen zu schwelgen und schließlich philosophische Gedenkminuten abzuhalten, hatte ich nicht nur ihre Unterhaltung verfolgt, sondern auch schon ein wenig das Geschehen auf dem Platz vor der Kirche beobachtet: Ein Ochsenkarren klapperte über das grobe Pflaster, mitten durch die Kühlerhaube unseres Fiat Lux, ohne daß dabei das unangenehme Geräusch sich plötzlich verformenden Blechs und splitternden Glases zu hören war, wie ich es zuhause einige Male bei Unfällen erlebt hatte. Überhaupt schien uns keine der seltsamen Gestalten auf dem Platz wahrzunehmen. Und wie die angezogen waren! Unter langen, mit Ledergürteln zusammengehaltenen Oberkleidern trugen sie enganliegende Hosen und Schuhe mit eigenartig aufgebogenen Spitzen. Am Rande des Platzes sah man auch einige Frauengestalten in fast bodenlangen Kleidern und braunen oder schwarzen Umhängen vorbeieilen.

Ich sah, wie der Ochsenkarren in eine Gasse gegenüber einbog, und hörte gleich darauf fürchterliche Flüche. Im oberen Stockwerk eines Hauses hatte sich jemand zum Fenster herausgelehnt und einen Ledereimer über dem Kopf des Kutschers entleert. Aus dem Gestank, der kurz darauf zu uns herüberzog, schloß ich, daß die Kanalisation zu dieser Zeit noch nicht erfunden war.

Inzwischen waren wir aus dem Auto gestiegen und schlenderten auf eine Gruppe junger Männer zu, die es sich in der Nähe der Kirche auf etwas Stroh gemütlich gemacht hatten. Sie saßen im Halbkreis um einen älteren bärtigen Mann herum, der gerade schweigend auf einen erbärmlich aussehenden, abgemagerten Esel blickte. Der Esel stand zwischen zwei gleich großen Haufen duftenden Heus, drehte den Kopf einmal ein wenig zu dieser Seite, dann zu jener, ohne jedoch einen Schritt zu tun oder gar von einem der Haufen zu fressen, obwohl er es offensichtlich bitter nötig hatte.

„Glaubst du wirklich, Johannes Buridanus, daß er sterben wird?", fragte einer der jungen Männer den älteren.

„Sieht leider ganz so aus", sagte der. „Schon seit Tagen kann er sich nicht dafür entscheiden, von welchem Haufen er fressen soll. Aber wenn er stirbt, so wird er wenigstens ein unsterbliches Fabeltier der Philosophie. Wohin führt uns unser angeblich so freier Wille bei völliger Gleichheit der Motive?"

Da wurde es Onkel Curioso zu viel.

„Wir werden hier doch ganz fürchterlich auf den Arm genommen", platzte er lauthals heraus. „Buridans Esel gibt es doch gar nicht! Du weißt doch ganz genau, Johannes Buridanus, daß du diese Geschichte nur von Aristoteles geborgt hast – und noch dazu mit einem Hund, nicht mit jenem Esel, mit dem du in die Philosophiegeschichte eingegangen bist."

Sofort verschwand die ganze Szenerie vor unseren Augen. Wir fühlten uns wie im leeren Raum, nur der bärtige ältere Mann war noch da.

„Da hast du schon recht", sagte er. „Aber was macht's schon? Auch der Doctor invincibilis, mein verehrter Kollege Wilhelm von Ockham, ist mit einem Begriff in die Philosophiegeschichte eingegangen, den er selber nie gebraucht hat: ‚Pluralitas non est ponenda sine necessitate' – man soll die Dinge nicht komplizierter benennen und erklären als unbedingt nötig. Das hat er sicher so oder so ähnlich gesagt, aber nie hat er das selbst als ‚Ockhams Rasiermesser' bezeichnet, mit dem den Metaphysikern der Bart geschoren werden solle. Ihr wißt ja, Deformierungen durch mündliche Überlieferung und Tratsch, Zeugenaussagen, Gerüchte, Meinungsmache, das sind psychologische Phänomene, und die Philosophen betreffen sie nicht weniger als andere. Aber kommen wir zurück zu unserem Esel. Ich sehe schon, daß ihr für euer Leben zumindest eine Entscheidung getroffen habt: Ihr wollt bis an die Quellen, ihr wollt wissen. Und deshalb dürft ihr noch jemand anderen besuchen, der über Entscheidungen nachgedacht hat. Sucht euch jemanden aus."

„Hélas", entfuhr es Tante Sapientia, der mittlerweile der Sinn mehr nach Kaffeetrinken stand.

„Soso, nach Hellas wollt ihr, das könnt ihr haben!"

Sofort befanden wir uns wieder in unserem Auto – diesmal jedoch inmitten tiefschwarzer Schwaden, als ob wir es mit einem Vulkanausbruch oder einem großen Waldbrand zu tun hätten.

Onkel Curioso schaltete alles ein, was er an Scheinwerfern aufbieten konnte. Der Fiat Lux war mir für einen Moment sehr
unheimlich, und es ging mir Liliencrons Vers aus der Zeit der
industriellen Revolution durch den Kopf: ‚Rauch ist der Bestie
verschwindender Schweif ...‘ Aber da waren wir schon von blendendem Sonnenlicht umgeben.

„Es werde Licht“, sagte Tante Sapientia. „Das Auto trägt seinen Namen wirklich zu Recht.“

„‚Fiat lux!‘ – ein Wahlspruch der Aufklärung. Daß mir dieses
Licht nicht schon eher aufgegangen ist ...“, ärgerte ich mich.

„Na ja, besser spät als gar nicht“, flachste Onkel Curioso.
„Hauptsache, jetzt ist der Groschen gefallen. Und wenigstens
denkst du gleich an ehrenwerte Vorfahren und nicht etwa an
diese deutsche Sekte neueren Datums.“

„Dagegen“, entgegnete Tante Sapientia, „daß einem beim Namen unseres schönen Autos nicht nur der aufklärerische Licht-
Enthusiasmus einfällt, wäre zunächst noch nichts einzuwenden.
Diesen Leuten aber, die Erleuchtung predigen und im Obskurantismus leben, täte man zu viel der Ehre an, wollte man sie in
die uralte Tradition der Lichtmetaphysik einreihen, die von dem
Alexandriner Philon über Augustinus bis in unsere Zeit reicht.
Die von Uriella Geblendeten sind vielmehr nur ein weiteres Beispiel für die menschliche Schwäche der Leichtgläubigkeit. Wie
sagt Lichtenberg so treffend: ‚Mein Gott, was hilft aber alles
Licht, wenn die Leute entweder keine Augen haben oder die,
die sie haben, vorsätzlich verschließen?‘“

Ich selbst allerdings hatte während dieser Unterhaltung auch
noch etwas Schwierigkeiten mit dem Licht. Ich mußte meine
Augen zwar nicht verschließen, jedoch schützend meine Hand
davorhalten. Und dabei kam mir wieder in den Sinn, wie Tante
Sapientia am Tag zuvor Nietzsches Spinnengleichnis erzählt
hatte, und ich glaubte nun auch noch zu verstehen, warum
der tolle Schlitten der beiden gerade ein Fiat Lux „Spider“ sein

mußte. Diesen Teil meiner neu gewonnenen Weisheit behielt ich aber erst einmal für mich. Man muß nicht alles hinausposaunen, was man sich so denkt.

Nachdem sich unsere Augen an die plötzliche Helligkeit gewöhnt hatten, fanden wir uns auf einer schotterigen Landstraße wieder, von der sich der Blick auf das in der Nachmittagssonne glitzernde Meer erstreckte. Wir hielten einen Moment an und klappten das Verdeck zurück. Als ich mich umdrehte, sah ich in der Ferne auf einem Hügel die Säulenreihen eines griechischen Tempels. Wir fuhren langsam weiter und genossen den Duft der Pinienwälder, durch die sich die Straße nun schlängelte.

Es dauerte nicht lange, da sahen wir am Straßenrand einen jüngeren Mann stehen, der sich nachdenklich ans Kinn faßte und in den an dieser Stelle durch den Zufluß eines Bächleins recht sumpfigen Straßengraben blickte. Er war mit einem an der Schulter gerafften Umhang und Sandalen bekleidet, etwa so, wie wir uns in der Schule immer Sokrates bei seinen Gesprächen in Athen vorgestellt hatten. Als wir näherkamen, stellten wir fest, daß unten im Graben ein alter Mann so tief in den Schlamm eingesunken war, daß er sich nicht mehr selbst befreien konnte. Er schien jedoch durch seine mißliche Lage nicht sehr beunruhigt zu sein, blickte vielmehr den jüngeren Mann ebenso nachdenklich an wie dieser ihn, ja mehr noch: Das Gesicht des alten Mannes machte einen eher neugierigen Eindruck.

Wir hielten an. Ich versuchte aus dem Wagen zu springen, um dem alten Mann zu Hilfe zu eilen, aber es gelang mir nicht. Ich konnte mich nicht von meinem spartanischen Sitz im Fond unseres Cabrios lösen, obwohl ich – einmal abgesehen von meinen menschenfreundlichen Absichten – auch meine eingeschlafenen Beine furchtbar gerne wieder einmal ausgestreckt hätte.

Und zu allem Überfluß ging der jüngere Mann nun seines Wegs, ohne dem Alten irgendeinen Beistand geleistet zu haben.

Wer jedoch erwartet hätte, daß dieser um Hilfe schreien oder dem Weggehenden einige Flüche hinterherschicken würde, sah sich getäuscht. Vielmehr trat ein zufrieden wirkendes Lächeln auf sein Gesicht.

Kurz darauf schlenderten zwei junge Männer, die sich rege unterhielten, die Straße entlang. Kaum hatten sie den alten Mann erblickt, stürzten sie auf ihn zu, halfen ihm aus dem Graben und bedauerten sein Mißgeschick.

„Da vorne marschiert doch Pyrrho", sagte der eine. „Der muß hier vorbeigekommen sein und dich gesehen haben."

„Nicht nur gesehen", antwortete der alte Mann, „lange betrachtet hat er mich."

„So ein Schuft", sagte der zweite junge Mann. „Läßt dich einfach hier im Graben stecken und geht seiner Wege. Ein schöner Dank für alles, was du ihn gelehrt hast. Einfach herzlos ist das."

„Nicht doch, nicht doch", antwortete der alte Mann. „Er fand eben keinen genügenden Grund, um mich herauszuziehen. Und seht doch nur, mit welcher Seelenruhe er seinen Spaziergang fortsetzt. Nichts kann ihn aus dem Gleichgewicht bringen. Er hat das Glück erreicht, indem er sich aller abrupten und anstrengenden Entscheidungen enthält, von denen doch die eine nicht mehr für sich hätte als die andere. Pyrrho ist mein bester Schüler, wahrhaftig epochémachend, auch wenn mich seine Gelehrigkeit heute das Leben hätte kosten können, wärt ihr nicht zufällig vorbeigekommen und hättet mich rechtzeitig aus diesem Dreckloch und dieser Gluthitze befreit."

„Typische Männerphilosophie", bemerkte Tante Sapientia. „Kaum eine Frau würde zögern, einem Mitmenschen zu helfen, so gut es geht, auch wenn ihr Männer diese Haltung frecherweise gerne als ‚Brüderlichkeit' bezeichnet. Ihr seht einfach manchmal das Naheliegende nicht. Da wundert's mich auch gar nicht mehr, daß der alte Anaxarchos in diesen Graben gefallen ist. Wahrscheinlich ist es Pyrrhos Lehrer genauso ergangen wie Thales von Milet."

„Wieso?", fragte ich. „Hat denn der überhaupt Spaziergänge gemacht? Kann es denn etwas im wörtlichen Sinne Naheliegenderes geben als die ihm zugeschriebene Aufforderung ‚Erkenne dich selbst!'? Das kann man doch ebensogut zuhause tun."

„Also, zuerst einmal, mein lieber Neffe", antwortete Onkel Curioso, „trügt dich da deine Erinnerung ein wenig. Das ‚Erkenne dich selbst!' wird nämlich unter den Sprüchen der sieben Weisen dem Chilon zugeschrieben. Was aber die Geschichte angeht, auf die meine verehrte Gattin anspielt, so dürfte es jene sein, die uns Sokrates in Platons ‚Theaitetos' über Thales als ionischen Hans-Guck-in-die-Luft auftischt: Er soll, als er des Nachts, den Blick nach oben gerichtet, herumspazierte, um die Sterne zu beschauen, in einen Brunnen gefallen sein, worauf ihn eine thrakische Magd verspottet habe, ‚daß er, was im Himmel wäre, wohl strebte zu erfahren, was aber vor ihm läge und zu seinen Füßen, ihm unbekannt bliebe.' Und Sokrates spitzt die Sache selbst noch zu: ‚Mit diesem nämlichen Spotte', sagt er, ‚reicht man noch immer aus gegen alle, welche in der Philosophie leben. Denn in der Tat, ein solcher weiß nichts von seinem Nächsten und Nachbarn, nicht nur nicht, was er betreibt, sondern kaum, ob er ein Mensch ist oder etwa irgendein anderes Geschöpf."

„Ja, genau die Geschichte meinte ich", sagte Tante Sapientia.

„Allerdings war die Sache wohl ganz anders", fügte Onkel Curioso hinzu. „Thales ist nämlich nicht in den Brunnen hinabgefallen, sondern absichtlich hinabgestiegen, um die Sterne besser beobachten zu können, was ein dunkler Schacht ermöglicht. Er hat sozusagen eine spiegelbildliche Variante jener Observatorien erfunden, wie sie uns vertraut sind. Daß er kein übermäßig weltfremder Mensch war, zeigte sich auch bei anderer Gelegenheit. So kaufte er einmal, als ihn seine meteorologischen

Beobachtungen eine gute Olivenernte erwarten ließen, alle verfügbaren Olivenpressen auf und machte damit bei der Olivenernte ein Bombengeschäft. Damit wollte er, dem an Geld nicht viel lag, aber nur spaßeshalber beweisen, daß er auch imstande sei, handfesten Interessen nachzugehen. Übrigens ist es bald auf Sokrates zurückgefallen, daß er den Thales so der Weltfremdheit bezichtigt hat."

„Inwiefern?", fragte Tante Sapientia.

„Nun, sein Erzfeind Aristophanes läßt in dem Stück ‚Die Wolken' einen Schüler des Sokrates im Gespräch mit dem Bauern Strepsiades seinem Lehrer eine derb-drastische Geschichte ganz ähnlichen Tenors auf den Leib dichten: ‚Nur freilich', sagt er, ‚jüngst hat ihm 'nen Geistesfund ein Eidechs weggeschnappt!' ‚Wie kam denn das?' ‚Er wollt bei Nacht des Mondes Bahn und Phasen erkunden, schaut offenen Munds nach oben, da hat er ihm vom Dach ins Maul geschissen.' Aber jetzt genug von solchen groben Scherzen", fuhr Onkel Curioso fort. „Es ist nicht zu leugnen, daß die Frauen – wie du vorhin behauptet hast – im großen und ganzen eine zuverlässigere Neigung haben, das Naheliegende zu tun, daß sie mitmenschlicher sind, weniger auf Prinzipien herumreiten und sich weniger aggressiv verhalten – immer vorausgesetzt allerdings, sie sind nicht gerade eifersüchtig. Aber auch unter den Frauen gibt es eine ganze Menge, die sich einfach so durchs Leben treiben lassen und ihren momentanen Stimmungen folgen. Dann tun sie doch im Grunde dasselbe wie Pyrrho. Nur daß er es aus einer philosophischen Überlegung heraus tut. Er hat zwar unrecht, aber er ist wenigstens konsequent."

„Da kann ich nur mit Emerson sagen: ‚Eine falsche Konsequenz ist der Kobold der kleinen Geister'. Pyrrho ist einfach ein Waschlappen, der der Passivität huldigt und sich in der Ruhe seines geheiligten Verdauungsspaziergangs nicht stören lassen will", gab Tante Sapientia zurück.

Onkel Curioso fiel nicht ein, was er hierauf sagen sollte, und er kam sich etwas unter Wert geschlagen vor. Um in andere Gefilde zu gelangen, tippte er „Finiatur excursio" in die BEZUG, die offensichtlich – im Gegensatz zu den meisten Computern mit ihren neudeutschen Vorlieben – gerne Befehle oder Wünsche in lateinischer Sprache annahm.

Wenige Augenblicke später befanden wir uns wieder auf dem Waldweg, auf dem wir an diesem Morgen geparkt hatten. Onkel Curioso schaltete den Bordcomputer aus und steuerte das Auto Richtung Heimat. „Was gibt's denn heute abend zu essen?", fragte er.

„Lapin en paquets – das ist Kaninchen mit Thymian und Tomaten – als Hauptspeise und ein flambiertes normannisches Apfel-Clafoutis mit Calvados als Nachspeise", antwortete Tante Sapientia.

„Mmm, mir läuft schon das Wasser im Munde zusammen", sagte ich und konnte mir nicht verkneifen, noch einmal ein wenig vorlaut zu werden. „Da verzeiht man ihr doch alle die feministischen Respektlosigkeiten, oder etwa nicht, Onkelchen?"

„Da hast du recht. Wenn ich auch noch selber kochen müßte, wäre ihre scharfe Zunge zweifellos schwerer zu ertragen."

Eine chinesische Teekanne und eine Kiste Orangen

Die philosophische Bringschuld der Religion

„Ich finde die philosophischen Ausflugsmöglichkeiten durchaus nett, die wir mit unserem Fiat Lux erworben haben", sagte Onkel Curioso beim Abendessen. „Aber irgendwie hat das Ganze etwas Unwirkliches, als ob man zur Auflockerung des Unterrichts ein Video vorführt. Schüler, die noch nicht viel wissen, lernen sicher das eine oder andere dabei, für die übrigen bringt es ein wenig Entspannung. Ich jedoch habe dabei den Eindruck, nur etwas vorgeführt zu bekommen, worüber ich ohnehin schon ziemlich gut Bescheid weiß. Wenn man wirklich etwas über die Philosophie lernen will und vor allem philosophisch denken lernen will, dann muß man große und auch weniger große Philosophen im Original lesen und mit Freunden oder interessierten Gleichgesinnten diskutieren."

„Schon richtig", stimmte Tante Sapientia zu. „Ich glaube aber, du siehst das Ganze ein bißchen zu ernst. Außerdem haben wir bisher nur einen Bruchteil der Möglichkeiten genutzt, die uns dieses pfiffige Auto und die BEZUG bieten."

„So, meinst du?"

„Ja, allerdings. Ich glaube, du solltest dich einmal mit dem Umschaltknopf beschäftigen, wo man wählen kann zwischen ‚Transportmodus' und ‚Planungsmodus'."

„Ist mir noch gar nicht aufgefallen."

„Setzt euch doch nach dem Essen noch ein wenig ins Auto und spielt daran herum. Warm genug ist es ja draußen. Ich persönlich habe für heute genug von der Philosophie, ich will noch etwas in meinem Roman lesen."

Nach dem Dessert folgten wir – neugierig, wie wir waren – Tante Sapientias Vorschlag. Als wir die BEZUG auf „Planungsmodus" umgeschaltet hatten, zeigte das Display folgende Aufforderung: „Wählen Sie Ihren Ereignistyp. Drücken Sie die 1 für ‚repräsentativ‘, die 2 für ‚memorativ‘, die 3 für ‚informativ‘, die 4 für ‚konfrontativ‘ oder die 5 für ‚persönlichkeitsbildend‘. Sie können immer nur einen Schwerpunkt wählen."

„Wenn das so ist, bin ich für 4", sagte ich.

„Da sieht dir ähnlich", meinte Onkel Curioso. „Aber ich hätte erst einmal genauso gewählt. Weißt du, da reden die Leute immer von Altersweisheit, aber das erstreckt sich bei mir nur auf die Toleranz, jeden nach seiner Fasson selig werden zu lassen. Schludriges Denken aber, das die Gegensätze zerredet und unvereinbare Positionen in einem Harmoniegesabbere untergehen läßt, geht mir mit zunehmendem Alter eher mehr auf den Wecker als früher."

„Manchmal und in mancher Hinsicht können ältere Menschen jünger sein als junge, ganz entgegen dem äußeren Anschein", antwortete ich.

Nachdem wir uns also für „konfrontativ" entschieden und die entsprechende Taste gedrückt hatten, erschien auf dem Display die Aufforderung: „Geben Sie ein Thema ein!"

„Jetzt geht's zur Sache", sagte Onkel Curioso.

„Nehmen wir doch etwas, über das die Philosophen heute nicht mehr so gern reden, ein Thema, das sie zu Unrecht als abgedroschen bezeichnen", schlug ich vor.

„Okay", stimmte Onkel Curioso zu. „Wie wäre es mit: ‚Ist Gott noch zu retten? Glauben und Denken heute‘?"

„Finde ich brauchbar."

Als wir den Vorschlag eingetippt hatten, hörte man eine Weile nur knackende Geräusche, ähnlich jenen, die beim Speichern einer Datei auf einer Festplatte entstehen. Dann meldete das System: „Es folgen nun die Vorschläge für das gewünschte

Ereignis. Datum: 26./27. Mai, Ort: Plas Penrhyn, Wales. Teilnehmer: Günther Anders, Hans Credorat, Katharina Feuerbach, David Hume, William James, Bertrand Russell (als Diskutanten) sowie Curioso, Sapientia und ihr Neffe Manfred (als einmischungsberechtigtes Publikum). Moderator: bleibt Überraschung."

„Nicht schlecht, diese BEZUG, wenn sie wirklich eine derartige Live-Veranstaltung über die Grenzen von Raum und Zeit hinweg zustande bringt", meinte Onkel Curioso daraufhin. „So etwas schaffen wir sonst nur in unseren Köpfen. Da bin ich mal gespannt."

Wir liefen ins Haus und berichteten Tante Sapientia, was wir mit unserem Wechsel in den „Planungsmodus" angezettelt hatten.

„Ein eigenartiges Zeug haben wir da mit dieser BEZUG zuhanden", sagte sie. „Aber mir soll es recht sein. Eine Woche vor unserem Hochzeitstag laß' ich mir so einen philosophischen Ausflug schon noch eingehen. Außerdem war ich noch nie in Wales."

„Ich auch nicht", antwortete Onkel Curioso. „Aber ich stelle es mir recht romantisch vor, mit dir durch die karge Waliser Berglandschaft zu streifen. Wenn dann deine Haare so im Wind fliegen …"

Tante Sapientia lächelte. „Ich hoffe, die heizen um diese Jahreszeit noch, so daß man sich zumindest darauf freuen kann, in ein gemütlich warmes Haus zurückzukommen. Und daß du mir nicht wieder einen von deinen Open-End-Orientierungsmärschen machst."

Nach dieser Unterhaltung gingen wir zu Bett – etwas früher als gewöhnlich, denn der ereignisreiche Tag hatte uns müde gemacht. Da ich am nächsten Morgen früh aufbrechen wollte, verabschiedete ich mich schon jetzt von den beiden.

Ich hatte mich nämlich zu einem Golf-Turnier angemeldet. Solange nicht irgendwelche Mitspieler ihr „Hoppla-jetzt-kommich-Denken", ihre Autobahnlichthupenmentalität, auch in ihrer Freizeit ausleben wollen, ist es ein schöner Sport. Man bewegt sich in der Natur und geht auch bei relativ schlechtem Wetter noch an die frische Luft. Allerdings hat das Ganze ein Suchtpotential, das sich mit Glücksspielen wie Roulette vergleichen läßt: Man glaubt immer, beim nächsten Mal werde es nun wirklich besser laufen. So wird mancher etwas einseitig: Am Wochenende und auf Reisen hält er nur noch nach Golfplätzen Ausschau. Eine Gegend, die zur Winterpause zwingt, ist dann gut für den Geist.

Obwohl dieses Spiel einen in viel höherem Maße als die meisten anderen Sportarten immer wieder ausgeprägte Rückschläge erleben läßt und es somit wahrhaftig eine Schule der Demut und Bescheidenheit genannt zu werden verdient, sind Philosophen nicht gerade häufig unter den Golfern. Das hat zweifellos auch mit der finanziellen Bewertung zu tun, die unsere Gesellschaft geistiger und wissenschaftlicher Tätigkeit zuzubilligen bereit ist. Schließlich schreiben nicht allzu viele berufsmäßige oder gar freischaffende Philosophen in kommerzieller Hinsicht erfolgreiche Bücher oder werden auf andere glückliche Weise der üblichen materiellen Beengungen enthoben.

Sie werden sich vermutlich fragen, warum ich Sie mit meinem Gerede über das Golfen langweile. Nun, das trage ich mit Fassung. Andere benötigen ganze Bücher, ja rufen eine ganze Buchreihe ins Leben, um ihre „Kleine Philosophie der Passionen" zu verbreiten. Und prompt stellte ein kluger schweizer Rezensent in Frage, ob das Prädikat „Kleinheit" mit Passionen kompatibel sei, wo sie doch für uns, die wir uns ihrer erfreuten oder auch unter ihnen litten, immer groß seien, wie eben im deutschen Wort ‚Leidenschaft' anklinge — etwas, das uns große Lust und Leiden schafft. Dies tut der vermeintliche Altherrensport mit dem seltsamen Werkzeug ohne Zweifel, und ein wenig Geplauder hierüber ist jedenfalls besser als der pseudophilosophische Mystizismus und die Risikoverherrlichung, mit denen uns etwa manche Bergbegeisterte beglücken – als ob ihr schöner Sport nicht schon im Landschafts- und Naturerlebnis und einer auf ein vernünftiges Maß beschränkten körperlichen Betätigung und Herausforderung Sinn und Ziel genug hätte.

Sie meinen, ich mache alles nur noch schlimmer, indem ich jetzt auch noch vom Bergsteigen rede? Sie haben Angst, ich könnte den Faden der Geschichte ganz verlieren? Nein, keine Sorge. Was ist denn Denken ohne Abschweifungen? Vielleicht gesund, aber trocken und hart. Wie ein unbestrichenes Knäckebrot, man mag es nur selten, und es verlangt einen schnell nach was anderem.

Apropos Bergsteigen. Den wahrhaft philosophischen Spruch darüber bringen einige Bergbegeisterte uns sogar als Autoaufkleber nahe: „Life's a mountain, not a beach."

Wenn es darum geht, aus einer Sportart ein philosophisches Gleichnis für das Leben zu gewinnen, können die Golfer allerdings gut mithalten. Wie im Leben an sich kämpfe man beim Golf in erster Linie gegen sich selbst, sagte einmal Robert Redford, und wie im richtigen Leben könne man sich ganz gut dabei betrügen. Und Michael Murphy präsentiert uns in seinem „Golf in the Kingdom" eine andere anschauliche Metaphorik: „Wir greifen mächtig aus, während wir spielen, und enden an einem engen Ort."

Jetzt aber wirklich zurück zu der Geschichte, die ich eigentlich erzählen sollte.

Vierzehn Tage später fand ich mich also einmal mehr zum Wochenende bei Onkel Curioso und Tante Sapientia ein. Am Samstagmorgen saßen wir, diesmal zu recht früher Stunde, wiederum in ihrem Fiat Lux und aktivierten den Transportmodus, jetzt aber mit einer gezielten Ortsangabe: Porthmadog in Nordwales.

Als wir nach dem üblichen Wolken- und Nebeltrip wieder etwas erkennen konnten, ließen wir gerade das Ortsschild von Porthmadog hinter uns und rollten auf der Landstraße Richtung Portmeirion. Offensichtlich hatte man für uns einen kleinen Umweg durch die Berglandschaft von Snowdonia geplant, was wir uns gerne gefallen ließen. Der schöne Frühlingsmorgen und das alles andere als störend laute, vielmehr kernig-blubbernde Geräusch, das die Zwei-Liter-Maschine des Fiat Lux von sich gab, wenn Onkel Curioso nach einer der reichlich vorhandenen Kurven beschleunigte, stimmten uns ausgesprochen unternehmungslustig.

Nach etwa einer Stunde kamen wir in Portmeirion an, wo sich ein exzentrischer englischer Architekt ein Surrogat italienischen Ambientes geschaffen hat. Wir fragten uns bis zu dem ganz in der Nähe gelegenen Plas Penrhyn durch. Das schlichte, aber auf seine Art elegante Haus mit Blick auf die kargen Waliser Berge war nicht schwer zu finden. Hier hatte Bertrand Russell seine letzten Lebensjahre verbracht. Er würde also einen leicht unfairen Heimvorteil genießen, wenn das Ereignis, das man uns versprochen hatte, wirklich zustande kommen sollte.

Onkel Curioso staunte nicht schlecht, als uns Georg Denk am Eingang empfing. Tante Sapientia und ich kannten ihn nur flüchtig, aber Onkel Curioso war seit vielen Jahren immer wieder zu den interessanten Seminaren gereist, die er veranstaltete. Er hatte oft den Idealismus gepriesen, mit dem Georg bei kärglichem Entgelt unermüdlich im Dienste von gründlicher Information und Aufklärung tätig war. In seinen Veranstaltungen trafen Menschen aus ganz unterschiedlichen Lebensbereichen und mit den verschiedensten Weltanschauungen aufeinander. Hier fand man fast immer ein hohes Niveau in der Sache, nicht aber die Sterilität, die Inzucht und die Rituale, wie sie zum Teil das akademische Getriebe prägen. Dafür nahm man ohne weiteres in Kauf, daß bisweilen auch der eine oder andere seltsame Heilige, der meinte, den Stein der Weisen gefunden zu haben, die Zuhörer mit seinen Tiraden nervte.

Auch Georg Denk selbst hatte so seine Eigenheiten. Zum Beispiel konnte er mit einer Maßlosigkeit, die an Schopenhauers Verdikte über Hegel („dieser Unsinnsschmierer") erinnerte, über seinen Intimfeind Heidegger herziehen. Da Denk dies jedoch auf eine ironische und satirische Weise tat und Onkel Curioso auch nicht allzuviel von dem alemannisch-schwäbischen Rustikalphilosophen hielt, fand er diese Ausfälle meistens ganz amüsant.

Aber ich schweife schon wieder ab. Bertrand Russell gehörte zu Georg Denks philosophischen Favoriten, und deshalb war es eigentlich gar nicht so überraschend, sondern nur gerecht und angemessen, daß gerade Denk uns hier empfing. Und sprach es nicht für die Großzügigkeit der Waliser und Engländer, daß sie einem Ausländer – und gar einem deutschsprachigen – schon wenig mehr als ein halbes Jahrhundert nach dem Ende des großen Krieges eine solche Aufgabe überlassen wollten?

„Schön, Sie zu sehen, Herr Denk", begrüßte ihn Onkel Curioso, der es im allgemeinen bevorzugte, eine gewisse Distanz zu waren. Er war nur mit wenigen Leuten per Du, und auch das waren nicht unbedingt immer diejenigen, die ihm nahestanden, sondern oft solche, bei denen sich das Du mehr oder weniger zufällig in bestimmten Situationen ergeben hatte – beispielsweise alte Schulfreunde. Onkel Curioso war nicht gerade der kontaktfreudigste Mensch, und im allgemeinen veranlaßte ihn nicht einmal ein hohes Maß an weltanschaulicher Verbundenheit dazu, das Du anzubieten, wenn er den betreffenden Menschen nicht auch privat ziemlich gut kannte.

„Wann soll es denn los gehen mit dem großen, die Zeiten überschreitenden Ereignis?", fragte er nun Georg Denk.

„Leider haben wir im Moment noch etwas Probleme mit einigen Teilnehmern", antwortete der. „Günther Anders ist schon da und versteht sich offensichtlich prächtig mit Katharina Feuerbach, obwohl er mit dieser gläubigen Tochter eines ungläubigen Philosophen in weltanschaulicher Hinsicht nicht allzuviel gemeinsam haben dürfte. Und auch Hans Credorat und William James scheinen sich gut zu unterhalten – na ja, das ist weniger verwunderlich, ein Reformtheologe und ein psychologisch-pragmatischer Verteidiger des Glaubens haben schließlich in ihren Überzeugungen so manchen Anknüpfungspunkt. Die letzte Nachricht von David Hume aber stammt noch aus Paris. Er ist ja schon über fünfzig und dort endlich so berühmt geworden, wie er es verdient. Er wird von den Damen der Gesellschaft, angefangen von der Marquise de Pompadour, in den Salons herumgereicht. Und er vertraute mir vorhin an, daß ihm auch das, so amüsant es anfangs gewesen sei, inzwischen gehörig auf den Wecker gehe. Er fühle sich als Modeartikel. ‚Ich bin entschlossen, die feinen Leute zu verlassen, bevor sie mich verlassen', das waren seine Worte. Also wird er wohl nicht mehr allzulange auf sich warten lassen. Und wie ihr durch euer nettes Auto erfahren habt, verfügen wir inzwischen über Mittel und Wege, um die Grenzen von Raum und Zeit zu überwinden. Ich hoffe also, wir können David Hume demnächst hier begrüßen."

„Und wo bleibt Bertrand Russell, der doch gewissermaßen unser Gastgeber ist?", fragte Tante Sapientia.

„Der ist noch am weitesten weg", antwortete Georg. „Ich sah ihn noch vor kurzem vor meinem inneren Auge im Orangenhof der Mezquita von Cordoba herummarschieren. Er stieg auf einen Orangenbaum nach dem anderen und versuchte eine Kiste voll Orangen zu pflücken. ‚Die lassen hier die Orangen, weil es so hübsch aussieht, immer bis zum bitteren Ende an den Bäumen hängen. Die taugen bestimmt nichts mehr!', murmelte er mit einem etwas verschmitzten Ausdruck im Gesicht. Was immer das bedeuten mag. Aber ich werde ihm jetzt gleich eine S-Mail schicken, daß er sich beeilen muß, wenn er als Herr des Hauses nicht der letzte sein will, der zu unserem Ereignis eintrifft."

„Snail Mail?", fragte ich. „Schneckenpost? Also, mit einem Brief werden Sie ihn aber nicht mehr rechtzeitig erreichen ..."

„Nein, ich meine nicht Snail Mail. S-Mail steht für ‚spiritual mail'. Mit ihr kann man sich direkt in den Gedanken eines anderen Menschen melden und so mit ihm Kontakt aufnehmen. Ist aber nur für Leute geeignet, die damit sehr verantwortungsvoll umgehen und andere nicht leichtfertig stören. Deshalb sind wir mit der Lizenzvergabe sehr zurückhaltend."

Und siehe da, als wir kurz darauf ins Haus traten, kam uns schon ein alter, weißhaariger Herr entgegen. Nach der markanten Nase zu urteilen, konnte es sich nur um Bertrand Russell handeln. Er hatte eine Obstkiste unterm Arm, die er nun auf den Boden stellte, um uns und die anderen Teilnehmer herzlich zu begrüßen.

Einen Augenblick später trat ein etwas schwerfällig wirkender Herr mittleren Alters durch die Tür, der eine weißgepuderte Perücke trug und in einen mit Goldlitzen besetzten Gehrock gekleidet war. Auf den ersten Blick hätte man ihn für einen Verwandten Bertrand Russells halten können, denn auch er hatte eine kräftige, kurz unterhalb des Ansatzes leicht gebogene Nase. Physiognomen des 18. Jahrhunderts hätten die großen Nasen der Philosophen vielleicht damit erklärt, daß sie ihr Riechorgan überall hineinsteckten (man denke etwa an das zwar ganz anders geformte, aber auch nicht gerade zurückhaltende Riechorgan Voltaires). Was die möglichen Verwandtschaftsbeziehungen des Neuankömmlings anging, so belehrten einen die viel breiteren, rundlicheren Gesichtszüge jedoch rasch eines Besseren: Auch David Hume hatte zu uns gefunden, bevor er wieder in seine schottische Heimat zurückkehren wollte.

„Schön, daß wir nun alle versammelt sind", sagte Georg Denk und stellte dann die Teilnehmer einander vor, so weit sie sich noch nicht kannten. „Wir wollen gleich mit unserem Gesprächskreis beginnen: Ist Gott noch zu retten? Oder ist er sogar tot und sollte wiedererweckt werden? Oder ist der Begriff eine hinfällige Konstruktion, über die man nur noch sprechen sollte, weil sie von großer geschichtlicher Bedeutung ist und auch heute noch das Leben der Menschheit in erheblichem Maße beeinflußt? Brauchen wir den Glauben an Gott, um einen moralischen Verfall der Menschheit zu verhindern? Das sind die Fragen, denen wir uns an diesem Wochenende widmen wollen, auch wenn manche der Meinung sind, wir sollten lieber nur noch über den Hunger auf der Welt oder die zunehmende Erwärmung der Erdatmosphäre und dergleichen Probleme diskutieren, deren Bedeutung unbezweifelbarer zu sein scheint."

Günther Anders meldete sich zuerst zu Wort: „Als notwendige oder auch nur wahrscheinliche Anfangsursache jedenfalls ist Gott nicht zu retten. Wenn Gott als erster da war und schon immer existierte, warum könnte dann nicht auch die Welt selbst schon immer existiert haben? Warum muß das Nichts die ursprüngliche, die eigentlich ‚selbstverständliche' Kondition gewesen sein, die einst eigens durch die Erschaffung von etwas hat abgeschafft und überwunden werden müssen? John D. Barrow hat diesen Gedanken schön ins Bild gesetzt: ‚Wir glauben, daß deshalb, weil jedes Ereignis, dem wir begegnet sind, eine Ursache hatte, auch das Ensemble aller Ereignisse eine Ursache haben muß. Diese Denkfigur ist aber ebenso falsch wie der Schluß, wonach bei einem Club deshalb, weil jedes Mitglied eine Mutter hat, der Club selbst auch eine Mutter haben muß.'"

„Ganz richtig", pflichtete ihm Onkel Curioso bei, der sich in dieser Gesellschaft offensichtlich von Anfang an wohl und gänzlich unbefangen fühlte. „Oder wie unser großer Lichtenberg in seiner suchenden Weise sagt: ‚Man könnte den Mensch so den Ursachenbär, so wie den Ameisenbär nennen. Es ist etwas stark gesagt. Das Ursachentier wäre besser.' Und dieses Ursachentier läuft am Ende immer gegen eine unüberwindliche Mauer, wie verschlungen die Pfade auch sein mögen, die es auf dem Weg dorthin wählt."

„Nach Katze, Huhn, Affe und Esel nun auch noch ein Ameisen- und Ursachenbär. Die Menagerie der Philosophen nimmt wirklich skurrile Züge an. Die haben schon ein ganz eigenes Verhältnis zur Zoologie", murmelte ich vor mich hin. Onkel Curioso, der es als einziger gehört zu haben schien, lächelte vergnügt und flüsterte mir zu: „Die Spinne hast du vergessen – woran man mal wieder unsere Präferenz für höhere Tiere sieht."

„Wir Christen glauben selbstverständlich, daß Gott die Welt erschaffen hat", erklärte nun Hans Credorat. „Aber auch wenn wir einmal einem Konzept zur Verschmelzung von Raum und Zeit folgen, wie es Hawking vorgeschlagen hat, und annehmen, daß das Universum keinen Anfang und kein Ende hat, sondern einfach nur existiert, ewig ist, dann müßte es doch von Gott erhalten werden, indem er für die Geltung der Naturgesetze sorgt. Denn ohne diese permanente Stützung seiner Gesetzesstruktur könnte unser Universum nicht bestehen."

„Da kann ich Ihnen keineswegs recht geben", erwiderte Günther Anders. „Die Welt ist nämlich untrennbar mit ihren Gesetzen verbunden. Es ergibt – der Kosmologe Kanitscheider sagt es plastisch – keinen Sinn, sich vorzustellen, daß ein metaphysisches Wesen die Gesetze aus der Natur herausziehen kann, wie man die Gräten aus einem Fisch entfernt."

„Sie mögen in jedem Argument eine Gräte finden, mein lieber Herr Anders", gab Hans Credorat zurück. „Aber trotzdem kann ich zu unserem heutigen Thema nur sagen: Wenn Gott nicht zu retten ist, dann ist auch die Welt nicht zu retten. Wer soll denn dann für Gerechtigkeit sorgen, wer soll dafür sorgen, daß einerseits die Benachteiligten und Leidenden dieser Erde irgendwann einen Ausgleich erhalten und andererseits die Verbrecher bestraft werden, die sich der irdischen Gerechtigkeit entzogen haben?"

„Dachte ich mir's doch, daß hier so argumentiert wird", warf Bertrand Russell ein. „Da habe ich mir also nicht umsonst die Mühe gemacht, eigenhändig in Cordoba diese Kiste Orangen hier zu pflücken."

„Aber bitte nicht zu sehr vom Thema ablenken", mahnte Georg Denk, denn Diskussionen, bei denen man vom Hundertsten ins Tausendste und letzlich nach Nirgendwohin kam, liebte er gar nicht. Und er pflegte seine Aufgabe als Diskussionsleiter so ernst zu nehmen, daß er notfalls auch die renommiertesten Leute ohne Scheu zu disziplinieren versuchte.

„Oh, ich bin ganz bei der Sache", konterte Bertrand Russell. „Jeder kann sich jetzt eine Orange nehmen. Den Zusammenhang werdet ihr gleich verstehen."

„Es ist zwar noch etwas früh für die erste Pause, aber selbstgepflückte Orangen aus Spanien sind doch immerhin ein Angebot", meinte Tante Sapientia.

Die Orangen aus der obersten Lage in der Kiste waren schnell vergeben. Dann schwand die Begeisterung schlagartig.

„Pfui Teufel!", entfuhr es William James. „Die sind trocken und fasrig, die haben viel zu lange am Baum gehangen – ungenießbar."

Auch keiner der anderen wollte seine Orange aufessen.

„Dann nehmt doch welche von noch weiter unten", schlug Bertrand Russell vor.

„Die sehen auch nicht anders aus", meinte Katharina Feuerbach. „Die werden genauso verdorben sein."

„Natürlich", gab Bertrand Russell zu, „das ist sehr wahrscheinlich. Wenn die oberste Lage verdorben ist, dann schließen wir nicht: ‚Die unteren müssen dafür gut sein, damit es sich ausgleicht.' Sondern wir sagen vielmehr: ‚Wahrscheinlich ist die ganze Kiste verdorben.' Und genauso würde ein vernünftiger, wissenschaftlich denkender Mensch das Universum beurteilen: Warum sollte es also in einer jenseitigen Welt, wenn es sie denn gäbe, nicht genauso ungerecht zugehen wie in der diesseitigen."

Da wurde Hans Credorat plötzlich richtig böse. „So ein triviales Gleichnis!", rief er. „Das nimmt die Fragen in keiner Weise ernst, um die es hier geht! Gott ist unser gütiger Vater, dem wir unbedingt vertrauen können und auf den wir uns auch in Leid, Ungerechtigkeit, Schuld und Tod ganz verlassen können. Er würde im Jenseits niemals eine solch ungerechte Welt zulassen, wie wir sie hier erleben."

„Nur die Ruhe", antwortete Bertrand Russell. „Dann darf aber der alttestamentarische christliche Gott nichts mit diesem Vater zu tun haben. Was wird uns da alles in den Büchern Mose geschildert, wenn etwa Pinehas, der Sohn des Eleasar, belobigt wird, er habe den Zorn Gottes besänftigt, weil er einen israelischen Mann und seine andersgläubige midianitische Frau mit seinem Spieß durchbohrt hat, und Gott daraufhin Moses den Auftrag gibt, möglichst viele der midianitischen ‚Götzenanbeter' zu erschlagen. Da kann man doch nur sagen: Dieser Gott ist von derselben Art, wie der jener Fanatiker, die heute durch ihre Greueltaten den Islam in Mißkredit bringen. Und im Neuen Testament predigt Jesus zwar Nächsten- und sogar Feindesliebe, aber die verstockten Sünder und vor allem die unbekehrbaren Ungläubigen werden mit Höllenqualen und ewiger Verdammnis bedroht."

„Schon daran sieht man, daß es mit der Gerechtigkeit im Jenseits selbst dann nicht weit her wäre, wenn die Vorstellungen der christlichen Religion zuträfen", pflichtete David Hume bei. „Warum ewige Strafen für die zeitlichen Vergehen eines so schwachen Geschöpfes wie des Menschen? Wäre nicht die ewige Verdammnis eines einzelnen schlimmer als alle menschlichen Greuel zusammengenommen, da das durch die Menschen hervorgerufene Leiden ja von begrenzter Dauer ist? Und warum sollte ein allmächtiger und gütiger Gott überhaupt zulassen, daß seine Untertanen täglich seine Gesetze mißachten, schwere Verbrechen begehen und hierdurch grausame Strafen auf sich ziehen? Ganz zu schweigen von dem unermeßlichen Leiden Unschuldiger, das wir andauernd in dieser Welt erleben.

Wenn Leibniz hierzu äußert, das Böse, welches Gott doch jedenfalls direkt oder indirekt geschaffen habe, spiele in der Welt nur dieselbe Rolle wie der Schatten im Gemälde oder die Dissonanz in der Musik, so hört sich das zwar weise an, ist aber im Hinblick auf die Vorstellung eines gleichzeitig gütigen und allmächtigen Gottes nur als skandalös zu bezeichnen. Zu meiner Zeit war es noch nicht opportun, sich so hart zu äußern, wie dies ein großer Nachgeborener tat, dessen Literatur die Welt nicht weniger seziert, als meine Philosophie es tut. Jedenfalls sagt Stendhal ganz zu Recht: ‚Gott hat nur die eine Entschuldigung: daß es ihn nicht gibt.'"

„Hier wird alles verdreht und durcheinander gebracht", mischte sich nun Katharina Feuerbach ein. „Wir dürfen Gottes Güte nicht mit unseren Maßstäben messen. Wer einmal eine Erleuchtung erlebt hat, wer einmal die Wahrheit erfahren hat, die in der göttlichen Offenbarung liegt, und damit von der glücklichen Gewißheit religiösen Erlebens durchdrungen ist, der kann an der Güte Gottes nicht mehr zweifeln. All die rationalen Argumente gegen den Glauben hält er fortan für oberflächlich. Was sollte die Welt für einen Sinn haben, wenn es keinen gütigen Gott gäbe? Wer könnte uns auffangen, wenn wir schwach und sündig sind, wenn wir Angst und Scham empfinden? Die kalte, gottlose Welt des Verstands kann uns keine Geborgenheit geben. Gott aber hält mit seiner Liebe auch noch zu uns, wenn wir Fehler machen und Böses tun. Der Glaube gibt dem Leben erst eine Mitte, er hält uns geistig gesund, ja ohne Glauben wüßte ich nicht, ob ich weiterleben könnte und wollte."

Einen Moment lang herrschte Schweigen, denn dieses so persönliche Bekenntnis hatte etwas Feierliches an sich. Selbst

Bertrand Russell kostete es eine gewisse Überwindung, hierauf mit rationalen Argumenten zu antworten. Und so ließ er uns, ganz entgegen seiner sonstigen Gewohnheit, an sehr persönlichen Dingen teilhaben, ehe er zu einer rationalen Conclusio kam, wie man sie von ihm erwartete.

„Man merkt", sagte er zu Katharina Feuerbach gewandt, „daß Sie zuhause im Übermaß mit Verstandesargumenten gegen die Religion konfrontiert wurden. Es gehört aber – und das hat durchaus etwas Paradoxes an sich – vor allem viel emotionale Sicherheit dazu, um in seiner Weltanschauung ein rationaler Mensch sein zu können, der sich nicht von angeblicher Offenbarung oder von Autorität oder von Esoterik beeindrucken läßt, sondern für alles gute Gründe fordert und nur so viel glauben will, wie unbedingt nötig.

Bei Ihren Argumenten muß ich an meine Tochter denken. Die Ehe, der sie entstammte, hielt nicht lange. Obendrein mußte ich gegen so viele gesellschaftliche Vorurteile und falsche Konventionen meiner Zeit ankämpfen – was mir nicht gelang, ohne manchmal übers Ziel hinauszuschießen –, daß auch meine Kinder zu sehr in eine Außenseiterposition gedrängt wurden. Ich habe es offensichtlich nicht verstanden, ihnen genügend emotionale Sicherheit zu vermitteln, um dies alles auszugleichen, denn meine Tochter hat mir später vorgehalten, die mir nahestehenden Menschen seien nur Teil einer ‚charade of togetherness' gewesen, die ich als eine im Innersten einsame Person mit ihnen aufgeführt hätte. Und es stimmt, einmal habe ich tatsächlich diese schrecklichen Sätze geschrieben, daß mir das Meer, die Sterne, der Nachtwind an einem verlassenen Ort mehr bedeuteten als sogar jene menschlichen Wesen, die ich am meisten liebe, und daß menschliche Liebe für mich im Grunde ein Versuch sei, der vergeblichen Suche nach Gott zu entfliehen. Obendrein hatte meine Tochter dann noch Pech mit ihrer eigenen Ehe, obwohl sie sich geschworen hatte, es besser zu machen als ich und ihren

Kindern eine intakte Familie zu erhalten. So ist sie lange ein unsicherer und angstvoller Mensch geblieben und brauchte die Religion, um ihr Leben zu stabilisieren. Schließlich war es für sie vielleicht auch eine Art von Unabhängigkeitsbeweis gegenüber dem Vater, religiös zu werden. Insofern könnte man fast sagen, daß derjenige Glück hat, der sich – wie ich – von der Elterngeneration unter anderem dadurch distanzieren kann, daß er sich einer rationalen, metaphysikarmen Weltanschauung zuwendet. Ich muß aber zugeben, daß meiner Tochter ein aufgeklärtes Christentum in ihrer persönlichen Lebensbewältigung sehr geholfen hat. Das macht jedoch weder diese noch eine andere Religion auch nur um einen Deut wahrscheinlicher und wahrer."

„Trotzdem läuft meiner Ansicht nach die ganze Diskussion darüber, mit welcher Wahrscheinlichkeit religiöse Vorstellungen wahr sind und insbesondere Gott existiert, in die falsche Richtung", bemerkte nun William James. „Seit dem 19. Jahrhundert hat sich unter den Philosophen eine nervöse Angst verbreitet, nur ja nichts Falsches zu glauben. Aber unsere Irrtümer sind am Ende nicht so hochwichtige Dinge. In einer Welt, wo wir ihnen trotz aller Vorsicht doch einmal nicht aus dem Weg gehen können, erscheint ein gewisses Maß an sorglosem Leichtsinn gesünder. Was ist schon dabei, wenn wir einmal einer falschen Auffassung anhängen sollten, sofern wir dadurch, daß wir uns überhaupt entscheiden, in vielen anderen Fällen eine Menge gewinnen.

Wer allzuviel Angst vor einem möglichen Irrtum hat, wer allzuviel Angst hat, sich für einen Glauben zu entscheiden, der gleicht einem General, der zu seinen Soldaten sagte, es sei besser, sich für immer von der Schlacht fernzuhalten, als eine einzige Wunde zu riskieren. Deshalb erscheint mir die Entscheidung, die Religion, ja das Christentum für wahr zu halten, als intellektuell völlig gleichberechtigt. Wir gewinnen viel, wenn wir uns für einen derartigen Glauben entscheiden. Wir gewinnen moralische Führung, Geborgenheit in der Welt, die Hoffnung auf eine bessere Zukunft, ganz gleich, was uns in diesem Leben widerfahren mag.

Im Grunde stimme ich heute noch Pascal zu, wenn er in den Präliminarien zu seiner berühmten – in ihrem Rationalismus dem Wesen religiösen Glaubens allerdings schon wieder entgegengesetzten – ‚Wette‘ sagt, nichts offenbare eine größere Schwäche des Geistes, als das Unglück eines Menschen ohne Gott nicht zu erkennen, und nichts zeige mehr einen Mangel an Herzensbildung als der fehlende Wunsch, die Versprechen für ein ewiges Leben möchten wahr sein. Erst später, finde ich, übertreibt Pascal ein wenig, wenn er fordert, wer schon kein Christ sein könne, solle wenigstens so ehrenwert sein und anerkennen, daß es nur zwei Sorten von Menschen gebe, die man als vernünftig bezeichnen könne: die Gottesdiener und die Gottessucher.“

„Was Pascals Wette angeht“, erwiderte Onkel Curioso, „so halte ich es mit Hans Blumenbergs Kommentar, auch diese Wette mit endlichem Einsatz auf unendlichen Gewinn sei letztlich die verfeinerte Ausführung einer banalen Konzeption: Man muß einzahlen, um ausgezahlt zu bekommen. Ich freue mich aber zu hören, daß auch uns Gottlosen heutzutage die Vernunft nicht mehr ganz abgesprochen wird. Und ich habe ein gewisses Verständnis dafür, daß sich die Leute ihre Religion nicht durch die Vernunft kaputtmachen lassen wollen. ‚Es kann und darf doch nicht sein, daß wir durch unsere Vernunft schlechter dastehen, als wenn wir sie nicht hätten!‘ – das ist ja schon ein altes philosophisches Argument.

Erinnern Sie sich an die Geschichte von Pyrrhos Schwein? Nein? Die soll sich so zugetragen haben: Pyrrho befand sich eines Tages in einem heftigen Sturm auf einem Schiff, seine Gefährten standen die größten Ängste aus. Er jedoch ermutigte sie durch den Hinweis auf das Verhalten eines Schweins, das mit auf dem Schiff und über das Unwetter ganz unbesorgt war. ‚Was soll uns die Gabe der Vernunft, auf die wir uns so viel zugute tun‘, fragte er, ‚wenn wir sie zu unserer Peinigung benutzen? Soll sie zu unserem Verderben dienen, indem wir uns damit gegen die Natur und die allgemeine Ordnung der Dinge auflehnen, statt mit ihrer Hilfe unsere Mittel und Kräfte zu gebrauchen, so gut es eben geht?‘

Wenn man also der Meinung ist, eine Welt ohne religiösen Glauben bedeute Peinigung und Verderben für den Menschen, dann ist es unbestreitbar konsequent, irgendeine Möglichkeit zu suchen, um Vernunft und Glauben zu vereinbaren. Und außerdem suchen die Menschen eben festen Boden unter den Füßen. Nicht viele können sich mit dem von Otto Neurath immer wieder variierten Schiffsumbaugleichnis anfreunden, in dem er über unser wissenschaftliches und philosophisches Denken sagt, wir seien wie Schiffer, die ihr Schiff auf offener See mit Hilfe der alten Balken und angetriebener Holzstücke umbauen müssen, ohne es jemals in einem Dock zerlegen und aus besten Bestandteilen neu errichten zu können und ohne auch eine rechte Vorstellung von dem Endergebnis zu haben, das bei dem Umbau herauskommen soll.“

Tante Sapientia stieß Onkel Curioso in die Seite. „Langsam bin ich gespannt, ob es irgendeine Tierart gibt, über die du keine philosophische Geschichte zu erzählen weißt“, flüsterte sie. „Und jetzt muß nach ihren Passagieren auch noch die Arche Noah selbst für diesen Zweck herhalten.“

„Die Schiffsmetaphorik scheint uns Philosophen dauerhaft zu faszinieren“, bemerkte David Hume. „Ich selbst habe sie schon als junger Mann in verwandter – und böse Zungen mögen sagen: für einen 28-jährigen etwas altkluger – Weise verwendet. ‚Ich komme mir vor wie ein Mann‘, schrieb ich damals in meinem Traktat über die menschliche Natur, ‚der, nachdem er auf viele

Sandbänke aufgelaufen und in einer schmalen Meerenge mit Mühe dem Schiffbruch entgangen ist, doch noch die Kühnheit besitzt, auf demselben lecken, vom Sturm mitgenommenen Schiff in See zu gehen, ja, der unter so ungünstigen Umständen noch daran denkt, die Erde zu umschiffen.'"

„Also unser großer Kant hätte sich mit diesen Schiffsgleichnissen wohl weniger anfreunden können als Sie, Mister Hume", meldete sich jetzt Günther Anders zu Wort. „Er suchte trotz all seiner kritischen Kraft immer noch einen sicheren philosophischen Hafen, auch wenn er im Grunde seines Herzens wohl schon ähnliche Empfindungen verspürte, wie sie von Ihnen und später von Otto Neurath zum Ausdruck gebracht wurden. Manchmal jedenfalls zeigt seine Metaphorik schon sehr deutlich, wie ihm der feste Boden unter den Füßen abhanden kommt: ‚Um zu einer Demonstration des Daseins Gottes zu gelangen', sagt er einmal, ‚muß man sich auf den bodenlosen Abgrund der Metaphysik wagen. Ein finsterer Ozean ohne Ufer und ohne Leuchttürme.' Da ist doch keine sehr große Distanz mehr zu jenem Empfinden, das Nietzsche hundert Jahre später in radikalerer Form zum Ausdruck bringt: ‚Das Eis, das heute noch trägt, ist schon sehr dünn geworden: der Tauwind weht, wir selbst, wir Heimatlosen, sind etwas, das Eis und andre allzu dünne ‚Realitäten' aufbricht …'"

„Selbst die Ozeane kommen uns allerdings heute nicht mehr so finster und unermeßlich weit vor", meinte daraufhin Bertrand Russell. „Unsere Erde ist durch die moderne Technik immer kleiner und überschaubarer geworden. Deshalb habe ich ein schlichtes Gleichnis zur Wahrscheinlichkeit der Existenz Gottes lieber gleich in den Weltraum verlegt. Zwar wird es mir von Seite der Theologen wieder den Vorwurf mangelnden Ernstes und mangelnder Reife einbringen, aber trotzdem sei es hier noch einmal zum besten gegeben: Niemand kann beweisen, daß zwischen der Erde und dem Mars keine chinesische Teekanne auf einer elliptischen Bahn kreist, aber niemand hält dies für ausreichend wahrscheinlich, um es in der Praxis in Betracht zu ziehen. Ich halte den christlichen Gott für genauso unwahrscheinlich."

„Solange nicht irgendein amerikanischer Fundamentalist es schafft, der NASA einzureden, sie müsse einem ihrer Raumschiffe den Auftrag erteilen, so einen Haushaltssatelliten auszusetzen, nur um Ihre Art der Wahrscheinlichkeitsbetrachtung Lügen zu strafen, bleibt das ein hübscher provokanter Spaß über das Verhältnis von Glaube und Vernunft", kommentierte schmunzelnd Günther Anders.

„Diese Art Späße zeigt vor allem, daß es hier einem Rationalisten an Verständnis für das eigentliche Problem fehlt", warf Katharina Feuerbach ein. „Solche Leute hatte Nietzsche auch schon vor Augen, ‚die Herren Naturforscher und Physiologen', denen die Leidenschaft in diesen Dingen fehlt. Nietzsche dagegen zeigt uns, wie schwer die Alternative wiegt, um die es geht, wenn er den ‚tollen Menschen' auf die Suche nach Gott schickt, so wie einst Diogenes auf dem Marktplatz von Athen nach wahren Menschen suchte: ‚Habt ihr nicht von jenem tollen Menschen gehört, der am hellen Vormittage eine Laterne anzündete, auf den Markt lief und unaufhörlich schrie: ‚Ich suche Gott! Ich suche Gott!' – Da dort gerade viele von denen zusammenstanden, welche nicht an Gott glaubten, so erregte er ein großes Gelächter. Ist er denn verlorengegangen? sagte der eine. Hat er sich verlaufen wie ein Kind? sagte der andere. Oder hält er sich versteckt? Fürchtet er sich vor uns? Ist er zu Schiff gegangen? Ausgewandert? – so schrien und lachten sie durcheinander. Der tolle Mensch sprang mitten unter sie und durchbohrte sie mit seinen Blicken. ‚Wohin ist Gott?' rief er, ‚ich will es euch sagen! *Wir haben ihn getötet* – ihr und ich! Wir alle sind seine Mörder! – Gibt es noch ein Oben und ein Unten? Irren wir nicht durch ein unendliches Nichts? Haucht uns nicht der leere Raum an? Ist es nicht kälter geworden? Kommt nicht immerfort die Nacht und mehr Nacht? Müssen nicht Laternen am Vormittage angezündet werden? – Ist nicht die Größe dieser Tat zu groß für uns?'"

„Immer noch sehr eindrucksvoll!", sagte Onkel Curioso. „Aber Nietzsche bleibt nicht bei dieser Erschütterung über den Zerfall des alten Glaubens stehen. Weil die Menschen mit dem Tod Gottes noch nicht fertig werden, wirft der tolle Mensch seine La-terne auf den Boden, daß sie in Stücke springt und erlischt, und sagt: ‚Ich komme zu früh, ich bin noch nicht an der Zeit.' Dann dringt er in verschiedene Kirchen ein und stimmt darin sein *Re-quiem aeternam deo* an. Hinausgeführt und zur Rede gesetzt, habe er immer nur dies entgegnet: ‚Was sind denn diese Kirchen noch, wenn sie nicht die Grüfte und Grabmäler Gottes sind?' Und nur wenig vorher hat uns der ‚fröhliche Wissenschaftler' schon seine philosophische Assoziation zur Höhle präsentiert, die nun allerdings mit der Platons und Bacons nichts gemein hat: ‚Nachdem Buddha tot war, zeigte man noch jahrhunder-telang seinen Schatten in einer Höhle – einen ungeheuren schau-erlichen Schatten. Gott ist tot: aber so wie die Art der Menschen ist, wird es vielleicht noch jahrtausendelang Höhlen geben, in denen man seinen Schatten zeigt. – Und wir – wir müssen auch noch seinen Schatten besiegen!'"

„Die große praktische und emotionale Bedeutung, die der Frage zukommt, ob Gott existiert, will ich gar nicht bestreiten", sagte Bertrand Russell, „und als junger Mann war auch ich sehr beeindruckt von der sogenannten ‚fröhlichen' Wissenschaft eu-res Nietzsche. Aber heute erscheint mir das alles doch ein wenig exaltiert, und ich glaube, es klingt inzwischen nicht nur für angelsächsische Ohren so. Für mich sind das Empfindungen aus einem anderen Lebensalter, aber ich denke, es sind auch Empfin-dungen aus einem anderen Zeitalter unserer Geistesgeschichte. Andererseits dürfen wir uns in unserer Einschätzung nicht dadurch täuschen lassen, daß die sprachliche und emotionale Einkleidung, in der uns Nietzsches Gedanken entgegentreten, aus der Mode gekommen ist. Der Kern seiner Analyse läßt sich nämlich nicht als zeitgebunden abtun. Betrachtet man die weiterhin große Rolle der Religionen selbst in den modernen westlichen Gesellschaften, von der größeren übrigen Welt ganz zu schweigen, so sieht es tatsächlich so aus, als ob es – jedenfalls bis auf weiteres – eine zu große Tat für die Menschen sei, ohne Gott auszukommen. Zumindest aber werden sie noch lange mit den verschiedenartigsten Schatten dieser philosophisch längst abgetanen Vorstellung und ihren sehr konkreten Auswirkungen auf die menschlichen Lebensumstände zu kämpfen haben.

Nietzsches Leidenschaftlichkeit bringt mich übrigens noch einmal auf den vorhin erwähnten Pascal zurück. Der befand sich nämlich ebenfalls in einer Art Ausnahmezustand. Er stand aufgrund der damaligen Zeitläufe und frühzeitiger Kränklichkeit, der er schon mit 39 Jahren zum Opfer gefallen ist, etwas einseitig unter dem Eindruck der Kürze und Vergänglichkeit des menschlichen Lebens. Denken Sie nur daran, welches Bild er uns als Gleichnis für die ,condition humaine' präsentiert: ,Man stelle sich eine Anzahl in Ketten gelegter Menschen vor, alle zum Tod verurteilt, und jeden Tag schneidet man einigen von ihnen vor den Augen der anderen den Hals ab, so daß denjenigen, die übrig bleiben, das ihnen bevorstehende Schicksal unmittelbar vorgeführt wird, und sie, während sie einander voller Schmerz und ohne Hoffnung in die Augen blicken, warten, bis die Reihe an sie kommt.'"

„Da kommt die moderne Version dieses Lebensgefühls bei Thomas Bernhard doch etwas verhüllter daher", bemerkte Günther Anders. „Wenn er sagt: ,Das Leben ist ein Prozeß, den man verliert, was immer man auch tut', so gibt er der zufälligen Willkür und letztendlichen Unausweichlichkeit des Schicksals geradezu noch so etwas wie einen rechtsstaatlichen Anstrich. Zum Glück ist das alles aber bloß ein Teil der Wahrheit über die Conditio humana. Wenn man nur so auf unser Dasein schaute, dann könnte es einem die Freude daran verderben, und man müßte fast auf ein ewiges Leben in einem besseren Jenseits wetten, um nicht völlig zu verzweifeln. Es ist nur folgerichtig, wenn Menschen mit einer so negativen Sicht auf das Leben das dann auch tun.

Erinnern Sie sich an Tolstoi: Ganz ähnlich wie Pascal vergleicht er das Schicksal des Menschen mit dem des Wanderers in einer orientalischen Fabel, der, von einer wilden Bestie verfolgt, in einem trockenen Brunnen Zuflucht sucht. Auf dem Grund des Brunnens erblickt er einen Drachen, der das Maul aufgerissen hat, um ihn zu verschlingen. Um der wilden Bestie oben und dem Drachen unten zu entkommen, klammert er sich an einen Ast, der aus einem Spalt des Brunnens hervorwächst. Als er sich umschaut, sieht er, wie eine schwarze und eine weiße Maus an dem Ast nagen. Er erkennt, daß der Ast sehr bald abbrechen und er seinem Schicksal anheimfallen wird. Aber im selben Augenblick sieht er einige Tropfen Honig auf den Blättern des Astes und versucht, sie mit der Zunge abzulecken. Und Tolstoi sagt: ‚So klammerte auch ich mich an den Ast des Lebens, wohl wissend, daß der Drache des Todes mich unvermeidlich erwartete, um mich in Stücke zu reißen … Ich versuchte den Honig zu lecken, der in früheren Zeiten mich tröstete; aber der Honig bereitete mir kein Vergnügen mehr … Ich sah nur noch den unentrinnbaren Drachen und die Mäuse, und ich konnte meinen Blick nicht davon abwenden. Das ist aber keine Fabel, sondern die ganze, unwiderlegbare Wahrheit.‘

Eigentlich wollte ich aber nicht eine weitere schreckliche Geschichte über das tragische, auf die Vergänglichkeit fixierte Lebensgefühl erzählen, sondern noch einmal eine Lanze für Bertrand Russells hübsche Gleichnisse von der Kiste Orangen und der chinesischen Teekanne brechen. Mit der Kritik daran scheint es sich mir ganz ähnlich zu verhalten, wie es Friedrich Albert Lange bezüglich der Abkanzelung da Mettries feststellte, eines Philosophen, der wie wenige andere zum Buhmann gemacht wurde: ‚Der deutsche Professor‘, sagt er, ‚geht wohlgemuth ans Werk und ist einem so windigen Gegner gegenüber sehr zuversichtlich; aber je mehr die Widerlegung an die Hauptgedanken kommt, desto mühsamer wird die Arbeit.‘

Es geht doch längst nicht mehr um einen Agnostizismus, der bloß das Urteil in der Frage der Religion oder des Christentums aussetzt, es geht viel mehr darum, daß es gänzlich an guten Gründen für deren Wahrheit mangelt. Im Gegenteil sind die zentralen Ideen der Religionen eine nach der anderen desavouiert worden, so etwa mit der Evolutionstheorie auch die Vorstellung einer planvoll auf ein bestimmtes Ziel hin geschaffenen Welt.

Noch Anfang des 19. Jahrhunderts konnte William Paley diese Vorstellung in seiner ‚Natürlichen Theologie‘ mit dem berühmten Uhrengleichnis überzeugend vertreten: ‚Nehmen wir an‘, sagt er, ‚ich ginge über eine Heide und stieße dabei mit dem Fuß gegen einen *Stein* und jemand würde mich fragen, wie der Stein dorthin gekommen sei; ich könnte vielleicht antworten, daß er, soviel ich wüßte, immer dort gelegen habe; und vielleicht wäre es nicht einmal sehr einfach, die Absurdität dieser Antwort aufzuzeigen. Nehmen wir nun aber an, ich hätte eine *Uhr* auf dem Boden gefunden und man würde nachforschen, wie die Uhr an diesem Platz zu liegen gekommen sei, so würde mir wohl kaum die Antwort einfallen, die ich zuvor gegeben hatte, nämlich daß, soviel ich wüßte, die Uhr schon immer dort gelegen haben müßte. Ja, aber warum sollte diese Antwort für die Uhr nicht genauso gut passen wie für den Stein, warum ist sie im zweiten Fall nicht genauso zulässig wie im ersten? Aus dem Grund – und keinem anderen –, daß wir, wenn wir die Uhr inspizieren, feststellen (was wir bei dem Stein nicht entdecken könnten), daß ihre verschiedenen Teile zu einem bestimmten Zweck hergestellt und zusammengesetzt wurden ...' So weit Paley, der es nun wirklich verstand, seine Erklärung der Komplexität des Lebendigen seinen Zeitgenossen eindrucksvoll vor Augen zu führen.

Aber schon ein halbes Jahrhundert später hört sich das dann ganz anders an. Sechs Jahre, nachdem Charles Darwin in der ‚Entstehung der Arten' seine Theorie erstmals ausführlich dargelegt hat, formuliert Friedrich Albert Lange höchst anschaulich die philosophische Konsequenz daraus: ‚Wenn ein Mensch, um einen Hasen zu schießen, Millionen Gewehrläufe auf einer großen Haide nach allen beliebigen Richtungen abfeuerte; wenn er, um in ein verschlossenes Zimmer zu kommen, sich zehntausend beliebige Schlüssel kaufte und alle versuchte; wenn er, um ein Haus zu haben, eine Stadt baute, und die überflüssigen Häuser dem Wind und Wetter überließe: so würde wohl niemand dergleichen zweckmäßig nennen, und noch viel weniger würde man irgendeine höhere Weisheit, verborgene Gründe und überlegene Klugheit hinter diesem Verfahren vermuthen.' Zwar sind dann einige Schlauberger darauf verfallen, dieses Argument umzudrehen und zu behaupten, daß mit den ‚Schrotschußmethoden' der Evolution die wunderbar erscheinenden Ausprägungen des Lebens auf unserer Erde – und insbesondere so komplexe Strukturen wie etwa das Linsenauge höherer Tiere – nicht zu erklären seien. Nun, diesen Einwand kann man mit evolutionstheoretischen Detailbetrachtungen entkräften, die aber hier nun wirklich zu weit führen würden.

Bevor mir noch mehr Geschichten einfallen und gar niemand anders mehr zu Wort kommt, jetzt lieber endlich zu dem, was mir eigentlich am Herzen lag: Inzwischen hat sich also die Beweislast umgekehrt. Nicht der Skeptiker muß noch das tausendundeinte Argument gegen die Religion anführen – nein, wer Gottesglauben oder gar Christentum anpreisen will, *der* muß gute Gründe für deren Wahrheit bringen. Und zwar solche Gründe, die über eine angebliche Offenbarung und die Autorität alter Schriften oder eines vorgeblichen Vertreters Gottes auf Erden hinausgehen. Uns geht es in erster Linie um die Wahrheit. Die Illusion eines planvoll steuernden und gar gütigen und allmächtigen Gottes wollten wir selbst dann nicht akzeptieren, wenn wir sie als wohltätig erkennen könnten. Wir sind aber obendrein der Meinung, daß auch diese Gottesvorstellung – wie so viele andere – trotz mancher Verdienste insgesamt keinen guten Einfluß auf das menschliche Leben und die menschliche Geschichte gehabt hat und wir für die Bewältigung der Zukunft besser darauf verzichten sollten."

„Selbst ich muß eingestehen, daß ich kaum vernünftige Argumente sehe, die für die Wahrheit der Religion und gar des Christentums sprechen", mischte sich nun Tante Sapientia ein. „Und doch halte ich noch an einer freien Form von Christentum fest und habe es – entgegen den Auffassungen meines Mannes – immer unterstützt, daß meine Geschwister ihre Kinder taufen ließen, sie in den Religionsunterricht schickten und sie an den religiösen Zeremonien teilnehmen ließen. Der Glaube ist für mich ein Symbol einer nicht nur aufs Materielle oder wechselseitig Nützliche ausgerichteten Lebenshaltung. Die Religion gibt dem Leben Tiefe, Stimmigkeit, Würde. Religion und Kirchen sind außerdem ein so wesentlicher Bestandteil unseres sozialen Lebens, daß ich ihn mir nicht wegdenken kann oder jedenfalls möchte. Schon allein ihre karitativen Aufgaben könnten so schnell nicht von anderen Organisationen übernommen werden. Das Christentum steht für den Dienst an anderen Menschen und für Opferbereitschaft. Darin kann es ihm eine humanistische Weltanschauung kaum gleichtun, zumindest nicht in der näheren Zukunft."

„Du hast für den Moment nicht so unrecht", sagte Onkel Curioso. „Aber auf die Dauer wird sich eine Weltanschauung, der man keinen Wahrheitswert mehr zubilligt, nicht um irgendwelcher sozialer Verdienste willen halten lassen. Und außerdem kann man auch eine Gegenbilanz aufmachen. Denk nur einmal an die unverantwortliche Vermehrungspolitik der katholischen Kirche, insbesondere im Hinblick auf die Dritte Welt, oder an die Schuldgefühle, die man etwa Homosexuellen vermittelt oder Frauen, die sich aus guten Gründen für einen Schwangerschaftsabbruch entscheiden, oder Geistlichen, die mit dem Zölibat nicht zurecht kommen – um nur einige wenige Beispiele anzuführen. Obendrein habe ich den Eindruck, daß viele Menschen heutzutage dem Christentum weniger aus jenen ernstzunehmenden Überlegungen heraus die Treue halten, die du da anstellst, als vielmehr aus ‚romantischen‘ oder vielleicht besser ‚sentimentalen‘ Gründen oder aber, weil sie in den Kirchen Dienstleistungsbetriebe für die Gestaltung bestimmter sozialer Anlässe sehen. Auch das aber wird auf die Dauer weder Gott noch die Religion, noch die Kirchen retten.“

„Diese unehrliche, romantisierende Stimmungs- und Gelegenheitsreligiosität hat schon meinen Vater gestört“, warf Katharina Feuerbach ein. „Und in diesem Punkt hatte er ganz unzweifelhaft recht. Ich stimme ihm auch als Gläubige voll zu, wenn er von ‚der Lustseuche der modernen Frömmler, Dichter und Schöngeistler‘ spricht, ‚welche, den Wert der Dinge nur nach ihrem poetischen Reize bemessend, so ehr- und schamlos sind, daß sie selbst auch die als Illusion erkannte Illusion, weil sie schön und wohltätig sei, in Schutz nehmen, so wesen- und wahrheitslos, daß sie nicht einmal mehr fühlen, daß eine Illusion nur so lange schön ist, solange sie für keine Illusion, sondern für Wahrheit gilt.‘ Deshalb hat man bei vielen kirchlichen Hochzeiten heute ein schales Gefühl, vor allem, wenn die Brautleute sonst mit Glauben und Religion nichts oder kaum mehr etwas am Hut haben.“

„Das Christentum taugt nicht als Märchenkulisse, in diesem Punkt können wir alle hier uns wohl noch am leichtesten einigen", pflichtete Hans Credorat bei. „Aber letztlich trägt die alles andere als neue Feststellung, daß die Menschen großenteils inkonsequenter sind, als man es sich wünschen würde, doch nicht allzuviel zur Beantwortung der Frage bei, die wir uns heute zum Thema gemacht haben. Ist Gott noch zu retten? Ich sage: Wir müssen ihn retten! Denn am Glauben vorbei führt kein Weg zum ewigen Leben. Wer von uns Menschen kann und will sich wirklich vorstellen, daß er ins Nichts verschwindet? Aber nur dem Schöpfer und Erhalter der Welt ist zuzutrauen, daß er für uns alle Tod und Sterben überwindet, wie er dies in seinem eigenen Sohn Jesus Christus überwunden hat. Auf einen solchen Glauben können wir uns in einem vernünftigen, aufgeklärten Gottvertrauen einlassen."

„Nun ja", meinte darauf David Hume. „Ob wir Gott damit retten können, daß wir uns unsere endgültige Sterblichkeit nicht vorstellen können und uns irgendeine Form der Unsterblichkeit wünschen, erscheint mir doch recht zweifelhaft. Alle Theorien, die von unseren Wünschen begünstigt werden, sind verdächtig. Nichts in dieser Welt hat Bestand. Alles befindet sich, wie unwandelbar es auch erscheinen mag, in ständigem Fluß und Wechsel. Wie sehr in Widerspruch zu jedem Analogieschluß steht somit die Vorstellung, daß eine einzige, noch dazu für Störungen sehr anfällige Erscheinung des Lebens, die menschliche Seele, unsterblich und der Auflösung nicht unterworfen ist. Die Schwäche des Körpers und die des Geistes entsprechen einander, man denke nur an Krankheiten oder den allmählichen Verfall im Alter. Der weitere Schritt – die gemeinsame Auflösung im Tod – erscheint unvermeidlich.

Spitzen wir die Sache noch ein wenig zu: Wenn die Frage lautet, ob Agamemnon, Thersites, Hannibal oder Nero sowie jeder dumme Hanswurst, der jemals in Italien, Skythien, Baktrien oder Guinea existiert hat, zur Zeit am Leben ist, kann jemand dann meinen, daß eine genaue Untersuchung der Natur Argumente ergeben wird, die stark genug sind, um eine derart merkwürdige Frage positiv zu beantworten? Daß das einzige Argument hier aus der Offenbarung stammt, ist für die negative Antwort hinreichender Beweis."

„Irgendwie fehlt es euch Ungläubigen wirklich am nötigen Ernst", kommentierte Hans Credorat leicht säuerlich. „Ich fange allmählich an, das für eine Strafe Gottes zu halten. Kann man jemanden ernst nehmen, der sich über eine der entscheidenden Fragen unseres Lebens so flapsig äußert?"

Mit dieser Bemerkung kam er nun aber bei David Hume an den Richtigen:

„Immerhin werden meine Schriften auch nach über zweihundert Jahren noch für wesentlich gehalten", sagte dieser kühl. „Wir können uns gerne in wieder zweihundert Jahren zu einer neuen Gesprächsrunde versammeln, dann werden wir ja sehen, ob noch jemand die Namen der Reformtheologen eurer Zeit kennt, geschweige denn irgend etwas davon gelesen wird."

Es war schon ein bißchen unfair, seine Anciennität so auszunutzen, aber was hatte Hans Credorat ihn auch so provozieren müssen.

Onkel Curioso wollte die Gesprächsrunde nicht in solche atmosphärischen Turbulenzen geraten lassen und intervenierte:

„Aber meine Herren! Wenn Sie so miteinander reden, dann zwingen Sie mich, zur Schlichtung einen der großen philosophischen Literaten herbeizuzitieren: ‚Ich betrachte Verbissenheit als Krankheit. Fluch über die Philosophen, die sich nicht die Falten aus ihren Stirnen bügeln lassen!' schrieb Voltaire an Friedrich II. von Preußen und pries ihm im gleichen Atemzug Tugend, Wißbegier und Heiterkeit als drei Schwestern an, die man niemals auseinanderreißen sollte."

Daß die Stimmung sich rasch wieder entspannte, war aber weniger Voltaire und Friedrich dem Großen zu verdanken als jener Bemerkung, die Tante Sapientia in gut getroffener Balance zwischen Ironie und Schmeichelei hinzufügte: „Laß die Herren doch ein wenig streiten, lieber Mann", sagte sie. „Wie schon der weltkluge Abbé Galiani so treffend feststellte, sind die Philosophen nun einmal nicht dafür geschaffen, sich zu lieben: ‚Die Adler fliegen nicht zusammen, das muß man den Rebhühnern und Staren überlassen.'"

Der kristalline Weltkleber und der unsichtbare Gärtner

Über Einfachheit und Sprachartistik

Georg Denk hatte bisher viel weniger zu tun gehabt als bei den meisten seiner sonstigen Veranstaltungen. Auch wenn die Diskussion manchmal etwas hitzig geworden war, waren die Teilnehmer doch alle sehr diszipliniert gewesen, hatten einander ausreden lassen und auf übertrieben langatmige oder abschweifende Diskussionsbeiträge verzichtet. So freute er sich, daß er ausnahmsweise einmal nicht gezwungen war, die Diskussion um der Einhaltung des Zeitplans willen abzuwürgen. Vielmehr erlaubte er sich vor dem landesüblichen Nachmittagstee sogar noch eine Art persönliche Zwischenbilanz.

„Wir haben heute auf unsere Weise über Gott und die Welt diskutiert und darüber, ‚was sie im Innersten zusammenhält‘", sagte er. „Für mich wurde Gott dabei nicht gerettet. Die Gottgläubigen versuchen gewissermaßen, die Welt durch jene kristalline Masse zusammenzukleben und nach ihren Wünschen zu glätten, mit der schon Ludovico delle Colombe den Galilei erfreute."

„Nach einer Kiste Orangen und einem chinesischen Teekannen-Satelliten nun auch noch ein kristalliner Weltkleber – ein eindrucksvoller Vorgeschmack auf die schöne neue Welt des Atheismus und Agnostizismus", bemerkte Hans Credorat. „Daß es euch an Einfallsreichtum fehlt, kann man wahrlich kaum behaupten, auch wenn ich die Einfälle einigermaßen läppisch finde."

„Ich weiß schon", warf Bertrand Russell ein. „Wir leisten uns hiermit jene Frivolität, die, wie schon Friedrich Albert Lange in edler Selbsterkenntnis der Gemütslage seines Volkes konstatierte, ‚dem Deutschen in innerster Seele zuwider ist‘."

„Immerhin", konterte Hans Credorat, „gibt es auch Engländer, die auf den angemessenen Ernst Wert legen. Francis Bacon zum Beispiel, einer der Hausheiligen eurer ganzen rationalistischen Weltbetrachtung, wußte jedenfalls noch, was sich gehört. ‚Was das Scherzen anbetrifft', sagte er, ‚so gibt es gewisse Dinge, die man davon ausschließen sollte, nämlich die Religion, die Staatsangelegenheiten, bedeutende Persönlichkeiten, Angelegenheiten, die irgend jemand im Augenblick stark angehen, und alles, was einen allzu nahe betrifft.'"

„Unter dem Gesichtspunkt der Weltklugheit mag Bacon durchaus recht haben", bemerkte Tante Sapientia. „Trotzdem wollen wir die Geschichte vom kristallinen Weltkleber auf jeden Fall hören!"

Die erwartungsvollen Blicke, die die anderen Teilnehmer auf Georg Denk richteten, gaben ihr recht. Also begann er zu erzählen: „Als Galilei mit seinem Fernrohr die Gebirge auf dem Mond entdeckt hatte, trat der oben erwähnte Ludovico in Erscheinung. Er war etwas mondsüchtig und wollte sich die strahlende Laterne nicht herabsetzen lassen, die so manche schwärmerische Nacht seiner Jugendjahre erleuchtet hatte. Also vertrat er die Ansicht, die auf dem Mond sichtbaren Täler seien in Wirklichkeit mit einer kristallinen Substanz gefüllt. Galilei hatte seinen Spaß an diesem Vorschlag: Sarkastisch antwortete er, diese Idee sei so hervorragend, daß er sie in Zukunft berücksichtigen wolle, und es sei folgerichtig wahrscheinlich, daß die Gebirge auf dem Mond – da schließlich dieselbe Substanz darüber gestülpt sei – zehnmal so hoch seien, wie er geschätzt habe.

So hat Galilei einem Spekulierer den Bart mit dem Ockhamschen Rasiermesser geschoren. Und die religiösen Metaphysiker und Gläubigen haben seither mit dem Vorwurf zu kämpfen, sie vernachlässigten bei ihrer Weltsicht das Ökonomieprinzip. Das Prinzip der größtmöglichen Einfachheit ist von nun an nicht mehr nur ein methodischer Kernsatz der immer erfolgreicheren Naturwissenschaften, sondern prägt auch entscheidend die weltanschauliche Auseinandersetzung. Wie der offenbar von erstaunlich vielen Teilnehmern unserer heutigen Runde gelesene und geschätzte Friedrich Albert Lange so schön sagt, nisten sich zwar hier in den folgenden Jahrhunderten noch so manche metaphysische Wegelagerer mit ihren Formelnetzen ein, doch befreien wir uns von denen schneller als von den Glaubensformeln der althergebrachten Religion."

„Die Geschichte von Galilei ist wirklich hübsch", sagte Bertrand Russell. „Die kannte ich noch gar nicht. Erinnert mich an die ‚Gärtnerparabel' unseres analytischen Zeitgenossen Flew."

„Kennt die jemand?", fragte Onkel Curioso neugierig.

„Aus dem beredten Schweigen schließe ich, daß wir sie trotz der fortgeschrittenen Stunde noch hören wollen", stellte Georg Denk fest.

„Na dann in Gottes Namen", seufzte Hans Credorat.

„In Flews Geschichte stoßen zwei Forschungsreisende auf eine Lichtung im Dschungel, auf der unter vielem Unkraut allerlei Blumen wachsen", fuhr Bertrand Russell fort. „Der eine behauptet daraufhin, die Lichtung müsse offensichtlich von einem Gärtner gepflegt werden. Der andere widerspricht: Es gebe keinen Gärtner. Sie schlagen daher ihre Zelte auf und halten Wache, sehen aber niemals einen Gärtner. Daraufhin behauptet der eine, es handele sich um einen unsichtbaren Gärtner. Nun ziehen sie einen elektrisch geladenen Stacheldrahtzaun und patrouillieren mit Bluthunden – denn sie erinnern sich, daß die Titelfigur von H. G. Wells Roman ‚Der Unsichtbare' zwar gerochen und gefühlt, aber nicht gesehen werden konnte. Sie hören jedoch niemals Schreie, die vermuten lassen, daß ein Eindringling einen Schlag bekommen hätte. Es läßt sich keine Bewegung des Zauns feststellen, die einen unsichtbaren Kletterer verraten würde. Die Bluthunde schlagen nicht an. Dennoch bleibt der

Gläubige überzeugt davon, daß es einen Gärtner gibt, der heimlich kommt und sich um seinen geliebten Garten kümmert. Er ergänzt jetzt seine Behauptung folgendermaßen: Der Gärtner sei unsichtbar, unkörperlich, daher auch unempfindlich gegen elektrische Schläge. Hunde könnten ihn nicht wittern. Er verursache keine Bewegung und kein Geräusch. Was, fragt daraufhin der ungeduldig gewordene Skeptiker, bleibt dann aber noch von deiner ursprünglichen Behauptung übrig? Wie unterscheidet sich ein solcher, ewig unfaßbarer Gärtner von einem nur eingebildeten oder überhaupt keinem Gärtner?"

„Jetzt erinnere ich mich an die Geschichte", warf Onkel Curioso ein. „Aber mir ist damals gar nicht bewußt geworden, daß es dabei nicht nur um das Problem der Falsifizierbarkeit theologischer Aussagen geht, sondern auch um das Ökonomieprinzip. Dazu fällt mir noch eine – allerdings recht bekannte – Anekdote ein: Als Napoleon den berühmten Astronomen Laplace fragte, warum er in seinem Hauptwerk, der ‚Himmelsmechanik‘, Gott niemals erwähnt habe, antwortete der: ‚Sire, je n'avais pas besoin de cette hypothèse‘ – ich benötigte diese Hypothese nicht. Und der berühmte Lalande pflichtete seinem Kollegen Laplace bei: ‚Man begreift Gott nicht, man kann ihn nicht wahrnehmen, man kann ihn nicht beweisen, man kann ohne ihn alles erklären.‘"

„Davon, daß man alles ohne sie erklären kann, hat sich die Religion jedenfalls nie wieder so recht erholt", bemerkte Georg Denk. „Und auch wenn heute manche Protagonisten einer neuen Art von Ordnungsdenken unter – oft genug eher modischen als gut durchdachten – Hinweisen auf die Relativitätstheorie, die Quantentheorie oder die Chaostheorie den Gegensatz zum ‚reduktionistischen‘ und ‚mechanistischen‘ Weltbild von Laplace und des ganzen 19. Jahrhunderts betonen, so kommen doch nur wenige von ihnen auf die Idee, die Hypothese ‚Gott‘ in Betracht zu ziehen.

Der erwähnte Lalande vertrat aber im übrigen die Meinung, das Volk brauche die Religion – eine Überzeugung, die offensichtlich so manche bedeutende Naturwissenschaftler unserer Zeit teilen. Auch Napoleon selbst war dieser Meinung und überdies Realpolitiker genug, um bald ein Konkordat mit dem Papst abzuschließen und den Katholizismus in Frankreich wieder aufzurichten.

Und damit finde ich nun einen einigermaßen zwanglosen Übergang zu der Frage, die wir morgen vormittag diskutieren wollen: Müssen wir Gott um der Moral willen retten? Hat Rousseau recht, wenn er sagt: ‚Das Vergessen aller Religion führt zum Vergessen der Menschenpflichten.'? Oder auch: ‚Wenn es keine Gottheit gibt, so ist der Böse der einzige, der richtig schließt, der Gute ist nur ein Dummkopf.'

Zunächst aber wünsche ich Ihnen allen ein paar entspannende Stunden. Vielleicht entschließen Sie sich noch zu einem kleinen Spaziergang Richtung Berge, es bleibt ja schon länger hell. Und abends bieten wir dann zur Einstimmung auf das morgige Thema Woody Allens Film ‚Verbrechen und andere Kleinigkeiten' an. Es geht da um einen gutsituierten Augenarzt, dessen Geliebte Ansprüche stellt, eine Aussprache mit der Ehefrau will, sein Familienleben und seine ganze gesellschaftliche Position zu zerstören droht. Da beauftragt er über seinen sonst von ihm gemiedenen, mit dubiosen Geschäften befaßten Bruder einen Auftragskiller, der die Geliebte ermorden soll. Was weiter passiert, ob ihn die Rache Gottes trifft oder er wenigstens von Gewissensbissen zerfressen wird – ich verrate es nicht, denn einige haben den Film vielleicht noch nicht gesehen."

„Nachdem Sie nun am Ende dieses ersten Teils unserer Gesprächsrunde mit einem recht ausführlichen Redebeitrag eine Art Zwischenbilanz aus der Sicht des Ungläubigen gezogen haben, möchte ich jetzt aber noch kurz etwas aus der Sicht von uns Gläubigen sagen dürfen", meldete sich William James.

„Im Grunde stehen wir doch vor einem psychologischen Problem. Für den wahrhaft Gläubigen ist der Atheismus eine tote Hypothese. Auch ich möchte dazu auf den hier schon mehrfach erwähnten Friedrich Albert Lange zurückgreifen: ‚Dem Namenschristen kannst du die Schrullen, die ihm aus dem Katechismus-Unterricht im Gedächtnis geblieben sind, mit der Logik aus dem Kopfe fegen, aber dem Gläubigen kannst du doch nicht den Werth seines inneren Lebens wegdisputieren‘, sagt er einmal. ‚Und wenn du ihm hundertmal beweisest, daß das alles nur subjektive Empfindungen seien, so läßt er dich mit Subjekt und Objekt zum Teufel fahren und spottet deiner naiven Versuche, die Mauern Zions, dessen hochragende Zinnen er leuchten sieht vom Glanz des Lammes und von der ewigen Herrlichkeit Gottes, mit dem Hauch eines sterblichen Mundes umzublasen.‘“

„Ganz richtig“, stimmte Katharina Feuerbach zu. „Und so komme ich jetzt doch noch dazu, Herrn Hume darauf aufmerksam zu machen, daß nicht nur seine rationalistischen Schriften auch nach mehr als zweihundert Jahren noch gelesen werden. Ein Jean-Jacques Rousseau wird zum Beispiel noch genauso gelesen, etwa sein ‚Emile oder über die Erziehung‘, aus dem dankenswerterweise Herr Denk schon zitiert hat. Viele von Ihnen kennen daraus doch sicher auch jenes berühmte ‚Glaubensbekenntnis des savoyischen Vikars‘, in dem Rousseau so eindrucksvoll beschreibt, wie das religiöse Gefühl aus der Beobachtung der Natur entsteht: ‚So habe ich denn alle Bücher wieder zugeschlagen. Es gibt ein einziges, das vor aller Augen offen daliegt, das der Natur. Aus diesem großen und erhabenen Buch lerne ich seinem göttlichen Urheber dienen und ihn anbeten. Niemand ist zu entschuldigen, der nicht darin liest, denn es spricht zu allen Menschen eine jedem Geist verständliche Sprache.‘“

„Aber heute sehen die Menschen die Natur meist nicht mehr so“, warf Günther Anders ein. „Mögen wir die Natur auch bewundern, unsere Gefühle werden doch besser von Sätzen wie dem des Psychologen Erich Neumann zum Ausdruck gebracht: ‚Der moderne Mensch findet sich in einer physikalisch toten Unendlichkeit als Rindengeschöpf eines winzigen Sternchens vor.'"

„Kein schlechter Ausdruck, dieses ‚Rindengeschöpf'", bemerkte David Hume. „Man denkt dabei an Ameisen, die gleich der Specht von der Baumrinde frißt. Als ich noch ein junger Mann war, hat übrigens Voltaire schon ein ähnliches Gefühl zum Ausdruck gebracht, wenn auch – unserer Zeit entsprechend – mehr mit deistischem als atheistischem Touch: ‚Die Mäuse, die ein paar winzige Löcher in einem riesigen Gebäude bewohnen, wissen nicht, ob dieses Gebäude ewigen Bestand hat, noch wer sein Baumeister ist, noch weshalb dieser Baumeister es erbaut hat.' Und ich erinnere mich, daß Sie selbst, lieber Herr Anders, in Ihren Notizen sogar einmal davon sprechen, daß ‚die die Oberfläche unseres Planeten bewimmelnden Lebewesen, wir Menschen nicht ausgenommen, vielleicht auch nur Läuse unseres Sterns seien, die Parasiten der Erde, von der wir uns ernähren ...'"

„Sie wissen ja, Herr Hume, ich kann manchmal etwas provokant und verletzend sein. Und damals war ich arg negativ gestimmt. Ich lag im Krankenhaus – noch dazu in einem kirchlichen Hospital –, und so ein schlicht gläubiger Assistenzarzt hatte mich gerade ein wenig gereizt.'

„Na ja, jedenfalls zweifle ich daran, daß solche Betrachtungen den guten Jean-Jacques sehr beeindruckt hätten. Dazu war er viel zu sehr Prediger und zwar ein hinreißender, wie man zugeben muß. Ich erinnere mich an einen Spaziergang, während dem er mit großer Geste zum Himmel wies und geradezu ekstatisch ausrief: ‚Wenn die Sonne aufgeht und die Nebel zerteilt, die die Erde bedecken, verscheucht sie auch die Nebel meines Geistes. Dann finde ich meinen Glauben wieder, meinen Gott, mein Vertrauen zu ihm; ich bewundere ihn, ich bete ihn an und beuge mich vor seiner Gegenwart.' Die Materialisten galten ihm als Menschen, die aus Taubheit gegenüber dieser inneren Stimme, die die Wahrheit des Glaubens verkündet, trostlose Doktrinen in die Herzen der Menschen säen.

Wie auch immer: Mit seinem ‚Emile‘, diesem fiktiven Produkt der ihm ideal erscheinenden Erziehung, hat er in der Pädagogik einiges Gute bewirkt, mag sein Menschenbild auch noch so einseitig sein. Ein tolles Stück ist das allerdings schon, daß ausgerechnet ein Mann die modernen Ansichten über Kindererziehung wesentlich geprägt hat, der seine fünf Kinder gegen den Widerstand der Mutter und – zumindest zum Teil – ohne wirtschaftliche Not ins Findelhaus gab und der dann noch im Brustton der Überzeugung behauptet, er selbst hätte auch dort großgezogen werden wollen.

Jedenfalls war er ein recht schwer erträglicher Geselle, der mit kaum jemandem lange Freund sein konnte und zusehends alle möglichen Beeinträchtigungsideen entwickelte. Ich weiß, wovon ich spreche – auch ich wurde in London eine Zeitlang einer der vielen Gastgeber in seinem Leben. Sein Verfolgungswahn war bald auch bei größter Geduld unerträglich. Aber um auf Ihren Einwand zurückzukommen, verehrte Frau Feuerbach: Schreiben konnte er ohne Zweifel, dieser Rousseau. Denken Sie nur an die ‚Briefe zweier Liebenden aus einer kleinen Stadt am Fuß der Alpen‘, die ‚Nouvelle Heloise‘. Daß eine große Leidenschaft die Menschen ins Verderben treiben kann, allen gutgemeinten Bemühungen um Toleranz und Vernunft zum Trotz – kaum jemand hat das so eindrucksvoll dargestellt wie er. Wenn einer aus eurer Zeit so schreiben kann, will ich ohne Zögern zugestehen, daß man ihn auch nach mehr als zweihundert Jahren noch lesen wird, selbst wenn mir seine Ansichten oder seine Person noch so wenig gefallen sollten.“

„Immerhin spricht da doch einige Achtung vor Rousseau aus Ihnen“, antwortete Katharina Feuerbach. „Und das ist auch nur recht und billig. Vergleichen Sie nur einmal die trockene, auf erkenntnistheoretische Betrachtungen gemünzte Verwendung der Schiffsmetaphorik, die Sie uns vorher präsentiert haben, mit der von persönlicher Erschütterung geprägten Formulierung, die Rousseau seinem Vikar in den Mund legt: ‚So dachte ich denn über das traurige Los der Sterblichen nach, die dahintreiben auf diesem Ozean der menschlichen Meinungen, ohne Steuerruder, ohne Kompaß, den Stürmen ihrer Leidenschaften ausgeliefert, ohne einen anderen Führer als einen unerfahrenen Steuermann, der seine Route nicht kennt und der weder weiß, woher er kommt, noch wohin er geht.'"

„Es ist schon schwierig in dieser Runde", nahm nun William James seinen Gedankengang wieder auf. „Euch fällt so viel ein, daß man Mühe hat, den Faden nicht zu verlieren. Bevor wir also wieder einmal zu einem eurer assoziativen Ausflüge aufgebrochen sind, wollte ich nämlich darauf hinweisen, daß nicht nur der Atheismus für den Gläubigen eine tote Hypothese ist. Auch umgekehrt ist der Gottesglaube und gar der Glaube im Sinne einer bestimmten Religion für den Glaubensunwilligen, für den Atheisten, dem das rationale, kritische Denken zur alle Lebensbereiche durchdringenden Lebenshaltung geworden ist, ebensosehr eine tote Hypothese. Denn er empfindet es gar nicht mehr wirklich als möglich, daß ein solcher Glaube wahr sein könnte. Und aus diesem Grund werden wir immer ein wenig aneinander vorbeireden. Trotzdem halte ich es für wichtig, daß wir miteinander reden. Wir können einiges voneinander lernen, uns besser verstehen und dann auch besser auf dieser Welt zusammenleben."

„Schon recht, aber andererseits sind wir hier doch nicht bei einem repräsentativen Ereignis irgendeiner wissenschaftlichen Traditionsgesellschaft, wo zumindest ein harmonischer Abschluß zum guten Ton gehört", meldete sich nun noch einmal Hans Credorat. „Und damit wir heute nicht gar zu versöhnlich auseinandergehen, möchte ich dieser etwas platten, diesseitsverhafteten Gärtnerparabel, die wir vorhin gehört haben, ein Gleichnis eines modernen Theologen entgegenstellen, meines Kollegen Hick: Zwei Männer reisen gemeinsam eine Straße entlang. Der eine glaubt, daß sie zur Himmlischen Stadt, der andere, daß sie nach nirgendwo führt. Aber da es nur diese eine Straße gibt, sind beide Männer auf sie angewiesen. Beide haben den Weg noch nie zurückgelegt, deshalb wissen sie zu keinem Zeitpunkt, was sie hinter der nächsten Straßenbiegung erwartet. Sie erleben auf ihrer Reise Augenblicke der Freude und Ermunterung, aber auch solche der Mühe und Gefahr. Die ganze Zeit über sieht sich der eine der beiden auf einer Pilgerfahrt zur Himmlischen Stadt. Die angenehmeren Reiseabschnitte begreift er als Ermutigungen, die Hindernisse als Prüfungen und Lektionen, die ihm vom König jener Stadt auferlegt wurden, damit er bei seiner Ankunft am Zielort würdig ist, dort zu leben. Der andere der beiden glaubt jedoch an nichts dergleichen und betrachtet die Reise als eine ziellose, aber unvermeidbare Irrfahrt. Da ihm keine Wahl bleibt, erfreut er sich der angenehmen Seiten und erträgt die unangenehmen. Für ihn gibt es keine Himmlische Stadt, die man erreichen, keinen allumfassenden Zweck, der der Reise einen Sinn verleihen könnte. Im Guten wie im Schlechten gibt es nur die Straße und die Geschicke der Reise. Für den Ungläubigen hängt es nur von seinem Naturell und den zufälligen Umständen des jeweiligen Reiseverlaufs ab, wie er sich zu dieser Reise stellt. Ist beides einigermaßen glücklich, so mag er mit Bertrand Russell sagen: ‚So war mein Leben. Ich habe es lebenswert gefunden, und ich würde es mit Freuden noch einmal leben, wenn sich mir die Möglichkeit dazu böte.‘ Ist beides weniger glücklich, so wird er eher jener düsteren Abwandlung der Schiffsmetaphorik folgen, die uns der amerikanische Schopenhauer-Epigone Clarence Darrow präsentiert, und sagen, daß das Leben ‚ein schrecklicher Witz‘ sei, ‚von Anfang bis Ende zwecklos', ,wie ein Schiff auf See, das von jeder Welle und jedem Wind hin und her geschaukelt wird; ein Schiff, das keinem Hafen zustrebt, das kein Steuer, keinen Kompaß, keinen Kapitän hat, das einfach eine Zeit lang umhertreibt und dann untergeht', ,eine unangenehme Unterbrechung des Nichts, die sich nicht lohnt und über die sich nur das eine Gute sagen läßt, daß sie nicht lange anhält.'

Nun, während die beiden reisen, ist die Meinungsverschiedenheit zwischen ihnen keiner empirischen Überprüfung zugänglich. Über den weiteren Verlauf der Straße haben sie keine unterschiedlichen Erwartungen, sondern nur über den endgültigen Zielort. Hinter der letzten Straßenbiegung wird es jedoch offenkundig werden, daß einer von ihnen die ganze Zeit über mit seinen Vermutungen recht hatte und der andere unrecht. Wie alle Gleichnisse hat auch dieses seine engen Grenzen. Es soll nur einen Punkt deutlich machen: daß der jüdisch-christliche Glaube sowohl einen unzweideutigen Endzustand aller Existenz *in patria* als auch unsere zweideutige Existenz *in via* behauptet. Er kennt sowohl das ewige himmlische Leben als auch die Pilgerfahrt hienieden. Und bei diesem himmlischen Leben denken wir, wenn wir die tieferen Einsichten der abendländischen Theologie berücksichtigen, an eine Erfahrungssituation, die unzweideutig auf die Gegenwart Gottes weist, nicht aber an eine buchstäbliche Schau der Gottheit.

Es ist doch eine Grundüberzeugung empiristischer Philosophie, daß Tatsachenbehauptungen nicht logisch beweisbar sind. Man kann nicht mehr verlangen, als daß die bestätigenden Erfahrungen so sehr überwiegen, daß für einen vernünftigen Zweifel kein Raum bleibt. Für das Christentum darf man daher sehr wohl den Anspruch erheben, daß die in der christlichen Theologie angelegte eschatologische Verifikation eine derartige Bestätigung bilden kann. Anders ausgedrückt: Ihr Atheisten und Agnostiker seid ein wenig ungeduldig mit eurem Gerede vom

‚ewig unfaßbaren Gärtner‘. So lange dauert ein Menschenleben schließlich nicht, daß man da gleich von ‚ewig‘ reden sollte. Und auch dieses ganze Gerede aus dem 18. und 19. Jahrhundert von Gott als ‚überflüssiger Hypothese‘ ist nicht recht schlüssig. Spüren Sie denn nicht, wie wunderbar die Existenz des Lebens und gar des menschlichen Lebens ist?

Die Evolutionstheorie mag ja imstande sein, auch die Details der Entwicklung des Lebens auf der Erde zu erklären, die man früher für Hinweise auf einen Schöpfer hielt. Aber inzwischen haben sich da doch ganz andere Probleme aufgetan. Gerade in jüngster Zeit arbeiten Physik und Kosmologie immer mehr heraus, wie viele extrem unwahrscheinliche Zufälle erforderlich waren, um diesen lebensfreundlichen Planeten Erde zu ermöglichen – so viele, daß man es sogar wieder für möglich hält, daß er der einzige seiner Art im ganzen Weltall ist. Und ganz am Anfang müssen wir erst einmal die sogenannte Feinabstimmung unseres Universums erklären, die Tatsache also, daß schon geringste Abweichungen verschiedener physikalischer Parameter und Konstanten zu Universen führen, in denen kein Leben möglich ist, weil sie zum Beispiel nicht die Lebensdauer erreichen oder nicht die chemischen Elemente enthalten, die für einen Evolutionsprozeß erforderlich sind.

Nachdem in diesem Kreis hier die bildhaften Geschichten so beliebt sind, trifft es sich gut, daß es mit John Leslie einen Kosmologen gibt, der nichts lieber tut als uns die Probleme in dieser Weise vor Augen zu führen. Da ist zum Beispiel die Geschichte vom Erschießungskommando, mit der er uns erläutert, daß unsere Existenz nur logisch trivial, aber ontologisch höchst erstaunlich ist: Ich stehe als zur Hinrichtung Verurteilter vor einer Staffel von 50 Soldaten, die Salven aus allen 50 Gewehren abschießen, aber keine Kugel trifft. Ich weiß um die logische Selbstverständlichkeit: Wenn sie mich nicht alle verfehlt hätten, könnte ich mir darüber keine Gedanken mehr machen. Aber jetzt, wo der erstaunliche Fall eingetreten ist, daß 50 Scharfschützen ihr Ziel verfehlt haben, kann ich anfangen, darüber nachzudenken, warum etwas so Erstaunliches passiert ist. Entweder sind ungeheuer viele Erschießungskommandos am Werk und ich bin einer der seltenen glücklichen Überlebenden oder die Scharfschützen sympathisierten mit mir und schossen absichtlich daneben. Nun, Leslie stellt nur das Problem klar: Als plausible Erklärung für die Feinabstimmung des Universums kommt entweder in Frage, daß es neben unserem Universum eine Vielzahl anderer gibt, die wir allerdings nicht beobachten können, oder daß Gott unser Universum planvoll so geschaffen hat, daß wir entstehen konnten. Für mich ist die Antwort klar: Gottes planende Hand erscheint mir viel naheliegender als die abstruse Viel-Welten-Hypothese. Wir existieren, weil Gott es so wollte!"

„Sehr überzeugend", pflichtete William James bei. „Genau diesen Gesichtspunkt hat der Abbé Galiani im Hause des Erzatheisten Baron d'Holbach schon vor mehr als zweihundert Jahren in einer Geschichte klarzumachen versucht. Wenn ich mich recht erinnere, ging die etwa so: ,Angenommen, meine Herren, Sie, die Sie so überzeugt davon sind, daß die Welt ein Werk geistloser Zufälle ist, sitzen beim Würfelspiel, und der Gegner werfe einmal, zweimal, ja schließlich ein dutzendmal drei Sechsen. Wenn Sie so um Ihr Geld gebracht würden, so würden Sie doch keinen Augenblick daran zweifeln, daß die Würfel gezinkt sind. Weil also die Würfel zehn- oder zwölfmal so gefallen sind, glauben Sie an Berechnung, an die Gaunerei eines intelligenten Wesens. Wenn Sie aber in unserer Welt viel kompliziertere und vielfältigere Unwahrscheinlichkeiten wahrnehmen, dann kommen Sie nicht auf die Idee, daß auch die Würfel der Natur verfälscht sein könnten, daß da oben ein überlegener Zauberkünstler sitzt und seine Tricks mit Ihnen treibt.'"

„Ausgezeichnet", freute sich Hans Credorat, der durch diese Unterstützung erst so richtig in Fahrt kam. „In diesem Sinne erzählt John Leslie von einem chinesischen Kaufmann, der seinem Kunden ein wertvolles besticktes Seidenkleid zeigt und seinen Daumen gerade auf die einzige Stelle hält, wo das Kleid ein kleines Loch hat. Nun, sagt er dann, wenn auch der Wohlmeinende die Ansicht vertreten mag, daß in einem solchen Fall schließlich jedermanns Daumen und sogar der Daumen eines Zauberers irgendwo sein müsse, so gibt es doch besonderen Erklärungsbedarf für die Position des Kaufmannsdaumens, da sich ja eine naheliegende Erklärung von selbst anbietet.

Oder die Geschichte von den Schreibmaschinen-Affen. Wir gleichen einem Mann, sagt John Leslie, den man ins Zimmer ruft, ihm einen Schimpansen und ein fehlerfreies, maschinengeschriebenes Sonett präsentiert und ihm mitteilt, der Affe habe es ganz zufällig getippt. Sie müssen doch nicht erstaunt sein oder uns der Lüge verdächtigen, beschwichtigt man den Mann, denn schließlich haben wir eine Vielzahl anderer Männer gleichzeitig in Räume gerufen, wo Schimpansen auf einer Schreibmaschine beliebige Buchstabenfolgen tippen durften, so viele, um es wahrscheinlich zu machen, daß einer der Männer auf ein von einem Affen geschriebenes Sonett blicken würde. Und außerdem haben wir angeordnet, daß nur diejenigen Männer nicht erschossen werden, deren Affen ein Sonett hervorbringen. Und wenn auch John Leslie zu sehr Wissenschaftler ist, um sich zu entscheiden: Für uns ist es so klar, daß Gott die Welt geschaffen hat, wie es klar ist, daß der Kaufmann seinen Kunden übervorteilen wollte.

Die Viel-Welten-Hypothese halten wir für genauso verrückt wie die Idee, wir hätten gerade einen unter Millionen Kaufleuten beobachtet, die ihren Kunden bestickte Seidenkleider mit Löchern zeigten, und gerade der unsere habe zufällig seinen Daumen auf das Loch gehalten. Und wir halten sie für genauso verrückt wie die Idee, man könne unter noch so vielen Männern, die Affen beim Spielen an der Schreibmaschine zuschauen, einen finden, der dabei ein fehlerfreies Sonett zu Gesicht bekäme. Wenn irgendwelche Mathematiker darauf verweisen, es bedürfe weder unendlich vieler Affen noch unendlich langer Zeit, um einzusehen, daß der Zufall solche erstaunlichen Dinge hervorbringen kann, so kann ich darüber wirklich nur lachen."

„Amen. Raffiniert", meinte daraufhin Georg Denk. „Sie und Herr James brauchen sich wirklich nicht hinter dem platonischen Sokrates zu verstecken, was ihre argumentativen Kunststücke angeht. Wenn Sokrates einmal über sich selbst sagt, daß er bisweilen – gleich einem Zitterrochen – seine Gesprächspartner irritiere und betäube, so trifft das sehr gut auch auf Sie zu. Wer unvorbereitet mit Ihnen aneinandergerät, muß sich erst einmal von dem Schlag erholen. Allerdings verteidigt sich Sokrates damit, daß er ob seiner eigenen geistigen Schläge auch selbst in Verwirrung und Ratlosigkeit erstarre. Sie beide aber scheinen mir nur äußerst geschickt die wissenschaftliche Denkweise für sich ausnutzen zu wollen.

Auf dem damaligen Stand des Wissens müssen Geschichten wie die des Herrn Abbé schon sehr eindrucksvoll gewesen sein. Heute hat das wissenschaftliche Weltbild jedoch ein wesentlich höheres Maß an Konsistenz gewonnen, und auf die Hypothese ‚Gott' können wir um so besser verzichten. Falls Sie nicht mehr und nichts Überzeugenderes zugunsten der Gottesidee anzuführen haben als die Erklärung der Feinabstimmung des Universums, dann ist das einfach zu wenig. Gott als bloßer Lückenbüßer, dessen Existenz aus den verbliebenen Unvollkommenheiten und Schwächen unseres wissenschaftlichen Weltbilds abgeleitet wird – nein danke. Wofür mußte Gott nicht schon alles herhalten: sei es nun für die Entstehung der Lebewesen und des Lebens überhaupt oder die Entstehung des Geistes. Glauben Sie tatsächlich, diese protrahierte Rückzugsgeschichte religiöser Welterklärung über das Problem der Feinabstimmung noch zu einem ‚Happy End' wenden zu können?"

„Ja", mischte sich Bertrand Russell noch einmal ein, „da bleiben wir wirklich lieber bei naturalistischen Erklärungsversuchen – und sei es eine Viel-Welten-Theorie, wenn uns nicht noch was Besseres einfällt. Vielleicht erspart uns das Konzept eines ewigen zyklischen Universum mit dem Anfangsdenken auch noch die Multiversen, und wir nehmen die Ordnungsstruktur unseres Universums als gegeben hin, wie sie nun einmal ist. Ich kann übrigens auch nicht erkennen, welchen religiösen Wert ein Gott haben sollte, der lediglich für die Existenz und die Anfangsbedingungen des Universums verantwortlich ist und den einmal angestoßenen Ablauf weiterhin nicht mehr beeinflussen würde. Mit einem solchen Gott gewinnt man keine Moral, keine Bedeutsamkeit persönlicher Schicksale, keine Unsterblichkeit – nichts von dem, was den Charme der Religion ausmacht.

Da finde ich dann die Haltung jener nicht gerade wenigen Kollegen unter den Wissenschaftlern viel lebensdienlicher, die im Sinne einer ,doppelten Buchführung' wissenschaftliche Arbeit und Welterklärung einerseits und persönliches Glaubenserlebnis und religiöse Überzeugung andererseits nebeneinanderstellen. Daß dies hochintelligenten Menschen möglich ist, ohne den Konflikt als belastend zu empfinden, stellt für mich immer wieder ein gewisses Faszinosum dar. Ich glaube allerdings, daß diese Haltung nicht auf Dauer vom Zeitgeist so begünstigt werden wird wie heute. Die tiefe Kluft zwischen einem wissenschaftlichen Weltbild und einer religiösen Welterklärung wird damit nämlich nur zugedeckt, aber nicht beseitigt. Es ist wie mit der Schneeschicht über einer Gletscherspalte: Solange man die Festigkeit des Bodens nicht zu entschieden prüft und solange die helle Sonne nicht zu viel davon wegschmilzt, fällt man nicht hinein.

Fragt man jedoch mit dem Ökonomieprinzip der Wissenschaft, ob es wahrscheinlicher ist, daß religiöse Erlebnisse und Überzeugungen auf eine jenseits des Menschen liegende Realität verweisen oder aber psychologische Phänomene sind, die bestimmten menschlichen Bedürfnissen, Neigungen und Wünschen entsprechen und bestimmte Vorteile für das soziale Leben der Menschen und damit auch für den Menschen als biologische Art gebracht haben – fragt man so, dann ist die Kluft zwischen religiös und wissenschaftlich bestimmter Lebensorientierung plötzlich wieder weit offen."

„Es ist schon wirklich schwierig mit dieser Runde", sagte Georg Denk. „Gibt man euch den kleinen Finger und bringt die Diskussion nicht so entschieden zum Abschluß, wie ich das sonst zu tun pflege, fällt euch immer wieder etwas ein und ihr hört gleich gar nicht mehr auf."

Alle waren jetzt doch etwas ermüdet, und niemand war mehr aufgelegt, im Hinblick auf Hans Credorats Geschichte von den beiden Reisenden die einfache Feststellung zu treffen, daß man unter Berufung auf die zu erwartende Bestätigung im Jenseits ad libitum alles behaupten kann, wenn es sich nur der Überprüfung im Diesseits entzieht. Und auch ich verzichtete darauf, Paul Edwards zu zitieren, der den Autoren von Geschichten, die ein Leben ohne Perspektive auf ein Jenseits als „unnützen" Kreislauf gleichartiger Tätigkeiten darstellen, zu Recht ankreidet, daß sie eine „sonderbare und völlig willkürliche Bevorzugung der Zukunft vor der Gegenwart" vornehmen.

Und so konnte nun der entspannende Teil des Wochenendes beginnen. Im Anschluß an den etwas verspäteten Nachmittagstee zerstreute sich die Gesellschaft. Die meisten Teilnehmer schlenderten in kleinen Gruppen noch ein wenig durch die nähere Umgebung, entlang an Hecken und jenen Bruchsteinmauern, die an die mühevolle Arbeit von Generationen erinnern.

Hier gewährten die Feldwege Entspannung ohne Ansehen von Herkunft und Weltanschauung. Sie hielten offenbar nichts von dem Diktum jenes deutschen Schollenphilosophen: „Der Zuspruch des Feldweges spricht nur so lange, als Menschen da sind, die, in seiner Luft geboren, ihn hören können." Aber es waren ja auch nur einfache walisische Feldwege. Hier spazierenzugehen, nach all den Diskussionen, war erfrischend. Von solchen chthonischen Kräften, wie sie der existenzphilosophische Mystifizierer im Schwarzwald walten ließ, spürte man dabei allerdings nichts. Und ich empfand keinerlei Neigung, mit ihm darauf zu setzen, „daß die Wenigen überall die Bleibenden sein werden, die einst aus der sanften Gewalt des Feldweges die Riesenkräfte der Atomenergie zu überdauern vermögen, die sich das menschliche Rechnen erkünstelt und zur Fessel des eigenen Tuns gemacht hat." Dazu kam mir nur der Gedanke, daß manche Beiträge zur philosophischen Bilderwelt bloße Nebelkerzen darstellen, die uns weder im Verständnis der Welt weiterbringen, noch bei der Lösung unserer Probleme nützen, ja selbst vom ästhetischen Standpunkt als Begriffskitsch zu bezeichnen sind.

Schon eher paßt Blumenbergs Lob der Umwege zu diesem altehrwürdigen walisischen Wegenetz. Die Ruhe und Gelassenheit, die diese Wege ausstrahlen, ermöglicht Verschiedenstes: Aufmerksamkeit für die Natur, gedankliche Assoziationen des einsamen Spaziergängers oder auch ein entspanntes Gespräch mit dem Weggenossen. Hier wird einem bald deutlich, was mit solchen Sätzen gemeint ist wie: „Nur wenn wir Umwege einschlagen, können wir existieren." Oder: „Die vermeintliche ‚Lebenskunst' der kürzesten Wege ist in der Konsequenz ihrer Ausschlüsse Barbarei." Allerdings muß auch die Benutzung des kürzesten Wegs nicht den Ausschluß oder die Herabsetzung der Umwege oder Nebenwege zur Konsequenz haben, sie kennzeichnet sie zunächst einmal nur als solche.

Als die Sonne unterging, mußte ich noch einmal daran denken, daß der Sonnenaufgang für Rousseau religiöses Erlebnis, Gotteszeichen, gewesen war. Und wie ich so in der einfallenden Dämmerung dahinschritt, kam mir noch eine philosophische Wegegeschichte in den Sinn, ganz gegensätzlich zur Rousseauschen Ekstase und Gottseligkeit. Eine Stelle nämlich aus den „Philosophischen Gedanken" seines Zeitgenossen und zeitweiligen Weggefährten und Freundes Diderot: „Bei Nacht, in einem großen Walde verirrt, habe ich nur ein kleines Licht, um meinen Weg zu suchen. Da kommt ein Unbekannter und sagt: ‚Lieber Freund, lösche deine Kerze aus, um dich besser zurechtfinden zu können.' Dieser Unbekannte ist ein Theologe." - Hübsch, wenn auch die Geschichte nicht einer gewissen Ironie entbehrt, da der Theologe – was den Weg im nächtlichen Wald, nicht aber den Weg im Leben angeht – sogar recht haben könnte.

Da ist die Metaphorik von Diderots Freund, des Barons d'Holbach, doch etwas robuster. Einmal sagt er etwa so: „Die Theologen sind Blinde, welche anderen Blinden die Motive und die Farben eines Bildnisses deuten wollen, über dessen Gegenstand sie selbst völlig im Dunkeln tappen."

Zurückgekehrt von unseren kleinen Ausflügen in die nähere Umgebung, wurden wir beim Abendessen mit einem hervorragenden Waliser Lammbraten und Lauchgemüse verwöhnt. Dazu tranken die meisten von uns ein gutes Ale. Und bei so manchem blieb es im Verlauf des Abends nicht bei dem einen Glas. Die Grenzen zwischen den Parteien, die sich während der Diskussionen tagsüber abgezeichnet hatten, verschwanden daraufhin zusehends.

Und gegen Ende des Abends hätte es so mancher von uns wohl gar nicht mehr so eigenartig gefunden, wenn einer der Teilnehmer aufgestanden wäre und – eingedenk des nachmittäglichen Spaziergangs – ausgerufen hätte: „Der Zuspruch des Feldwegs ist jetzt ganz deutlich. Spricht die Seele? Spricht die Welt? Spricht Gott?" Aber dafür war nun einmal nicht die richtige Einladung durch die Zeiten geschickt worden.

Eins allerdings muß man Heidegger zugute halten: Er steht in einer langen Tradition. Schon seit den Anfängen waren die Philosophen auch Sprachspieler und Sprachmagier. Darauf kommt man allerdings meist nur noch zurück, wenn die entsprechenden Leute in schon leicht angeheitertem Zustand beisammen sind, so wie an diesem Abend.

Ich entsinne mich nicht mehr, wer es war, der plötzlich aufstand und sagte: „Kennt ihr eigentlich die Geschichte, wie der erste Mensch, der natürlich auch der erste Philosoph war, mit seinen ersten Worten das schwierige philosophische Problem seiner Identität höchst gelungen bearbeitete? Nun, er bediente sich einer spielerischen Sprachfigur, eines Palindroms, eines jener artistischen Zauberworte also, die immer das gleiche ergeben, ob man sie nun vorwärts oder rückwärts liest. Als er seiner Gefährtin zum ersten Male ansichtig wurde, formulierte er – offenkundig schon in der Annahme, sie müsse jenes Idiom am besten verstehen, das sich in unserer Zeit als sprachlicher Passepartout erweisen sollte – den unübertroffenen Prototyp einer philosophischen Selbstpräsentation: ‚MADAM'I'MADAM'. Im Gegensatz zu Willard Van Orman Quines berühmtem Forschungsreisenden, der nie so recht weiß, ob die Eingeborenen im Dschungel beim Anblick eines hoppelnden Karnickels mit dem Ausruf ‚G(g)avagai' dieses selbst, einen Teil davon oder etwa die Geschwindigkeit seiner Bewegung meinen, im Gegensatz zu solcher nachgeborenen logisch-linguistischen Zergliederung also, war sich Eva sofort darüber im klaren, was gemeint war. Sie war in der Lage und willens zu verstehen, daß es Zeit sei, sich beim Namen zu nennen und zu erkennen. Nun ja, werden religiöse Leser sagen, kein Wunder: Die babylonische Sprachverwirrung hatte noch nicht stattgefunden. Eva gab also Adam die Hand und antwortete ihrerseits mit ‚EVE', einem der kürzesten aller Wortpalindrome."

Dazu fiel dann – wie konnte es anders sein – natürlich Onkel Curioso wieder etwas ein: „Schopenhauer war zwar – ganz im Gegensatz zu unseren Zeitgenossen – kein Freund der angeblich von Adam schon benutzten Sprache, sagte er doch: ‚Bekanntlich sind die Sprachen desto vollkommener, je älter sie sind, und werden stufenweise immer schlechter, vom hohen Sanskrit an bis zum englischen Jargon herab, diesem aus Lappen heterogener Stoffe zusammengeflickten Gedankenkleide.‘ Aber auf Deutsch liebte Schopenhauer die Sprachartistik, wird ihm doch die Urheberschaft für jenes längste deutsche Satzpalindrom zugeschrieben, das sich schon so viele zunutze machten: ‚EIN NEGER MIT GAZELLE ZAGT IM REGEN NIE.‘ Der Sprachkünstler Georg Kreisler hatte es im Programm, und auch heutige Zauberkünstler garnieren gerne ihre Vorstellung damit. Und sie haben ein gutes Recht darauf, denn die historische Verwandtschaft des Philosophen mit dem Priester und dem Magier ist nicht zu bestreiten. Allerdings sind die Zauberer oftmals wackere Aufklärer, während noch manche ‚moderne‘ Philosophen uns durch Sprachmagie tiefes Weltverständnis bloß suggerieren.“

„Denen gebührt die Palme für den ‚GEISTSIEG‘ freilich nicht“, sagte Günther Anders. „Schon Nietzsche hat ihnen seine Bemerkung über ‚tief sein und tief scheinen‘ zukommen lassen: ‚Wer sich tief weiß, bemüht sich um Klarheit; wer der Menge tief scheinen möchte, bemüht sich um Dunkelheit. Denn die Menge hält alles für tief, dessen Grund sie nicht sehen kann: sie ist so furchtsam und geht so ungern ins Wasser.‘ Und man kann hinzufügen: Die Menge ist, wo nicht furchtsam, so doch oft ganz einfach zu denkfaul, um wahre und scheinbare Tiefe zu unterscheiden.“

„Aber auch Philosophen, die in dem, was sie sich zum Spezialgebiet erkoren haben, größte gedankliche Strenge walten lassen“, fügte Onkel Curioso hinzu, „fallen zum Teil überraschenderweise in ihrer persönlichen Weltanschauung im Sinne einer doppelten Buchführung auf Tiefsinn in Form traditioneller religiöser Vorstellungen zurück.“

David Hume lächelte milde und murmelte: „Nun ja, das schillernde Verhältnis von Theorie und Praxis – ein unerschöpfliches Thema, zu viel für heute abend. Aber es ist doch immerhin nett, wie genau das dem sogenannten gesunden Menschenverstand zunächst gerne etwas abstrus erscheinende theoretische Denken bisweilen die Wirklichkeit trifft. Nehmen Sie das vorhin gerade erwähnte, amüsante ‚G(g)avagai‘, welches uns Philosophen so nachhaltig ins Gedächtnis gedrungen ist: Inzwischen hat sich herausgestellt, daß das aus einer australischen Eingeborenensprache stammende ‚Känguru‘ gar kein Name war, sondern schlicht hieß: ‚Da läuft es!‘"

Damit war die Gute-Nacht-Geschichte für Philosophen erzählt. Niemand schien mehr willens oder in der Lage, sich einem neuen Thema zuzuwenden. So kam es auch nicht mehr zu der ursprünglich geplanten Vorführung von Woody Allens Film. Die meisten kannten ihn ohnehin schon. Und nicht einmal Georg Denk ließ noch die Sorge erkennen, die Diskussion des nächsten Tages könne darunter leiden, daß die Einstimmung hierauf nicht entsprechend dem vorausbestimmten Veranstaltungsprogramm erfolgte.

Eine Herde Stachelschweine und ein Schneesturm

… und was sie mit unserem Verhalten zu tun haben

Am nächsten Morgen gab es ein reichhaltiges Frühstück nach der Landessitte. Sogar die seltsamen warmen Würstchen, für die ich mich sonst in englischen Gefilden nie so recht hatte begeistern können, schmeckten mir. Hier machte man sie aus Lammfleisch.

Danach kamen wir um neun Uhr wieder zusammen, um unsere Gesprächsrunde fortzusetzen. Diesmal eröffnete Bertrand Russell als Hausherr die Diskussion.

„Zu der Frage, ob wir Gott um der Moral willen retten müssen, möchte ich heute morgen meinen Landsmann Thomas Henry Huxley sprechen lassen, ‚Darwins Bulldogge‘, den großen Verteidiger der Abstammungslehre. Zu unserem Thema sagte er einmal: ‚Die Gründe, die uns auf dem ganzen Weg vom wilden zum zivilisierten Zustand vorangetrieben haben, werden nicht aufhören wirksam zu sein, weil sich eine Anzahl kirchlicher Hypothesen als haltlos erweist.‘"

„Im Grunde ein uralter Gedanke", meinte Onkel Curioso. „Daß der Mensch ein Gemeinschaftswesen ist, betonte ja schon Aristoteles. Und Schopenhauer erzählt so schön von einer Herde Stachelschweine an einem kalten Wintertag. Sie rücken immer wieder recht nahe zusammen, weil ihnen kalt ist. Dann stechen sie sich gegenseitig mit ihren Stacheln und gehen wieder auf Abstand, bis sie letztlich jene Mitte aus Nähe und Distanz finden, die den besten Kompromiß zwischen Kälte und gegenseitiger Belästigung darstellt."

„Ich will dir ohne weiteres zugestehen, lieber Mann, daß in dem Schopenhauerschen Gleichnis eine ganze Menge Realismus und Wahrheit steckt", mischte sich Tante Sapientia ein. „Aber zugleich ist es auch Ausdruck einer ausgesprochen negativen und pessimistischen Menschensicht. Wir leben doch nicht nur aus Not und Notwendigkeit in Gesellschaft oder weil uns die Leere und Monotonie des eigenen Innern zueinander treibt, wie es Schopenhauer ausdrückt, sondern auch, weil es uns Freude macht. Selbst solche Verächter unserer Art, die den Menschen als ‚Untier' apostrophieren, zollen mit dieser Bezeichnung noch der Tatsache Tribut, daß die Individualität der Menschen unbestreitbar stärker ausgeprägt ist als zum Beispiel die der Stachelschweine. Und gerade das Zusammenwirken der unterschiedlichsten Persönlichkeiten führt dazu, daß menschliche Gesellschaften nicht nur alle möglichen Lästigkeiten und leider sogar Schrecknisse, sondern auch faszinierende kulturelle, emotionale und – ja, trotz allem – auch moralische Phänomene und Leistungen hervorbringen."

„Schopenhauer ist mit der Zeit ohne Zweifel zu misanthropisch und menschenscheu geworden", bemerkte Günther Anders. „Aber er weist uns zu Recht darauf hin, daß wir von der menschlichen Moral auch nicht zu viel erwarten dürfen. Die Menschen folgen überwiegend ihrem Eigeninteresse. Allerdings hat das Stachelschwein-Gleichnis nur den begrenzten Erklärungswert allgemeiner Weltweisheit und globaler Analyse.

Das von der modernen Evolutionstheorie geprägte Denken reicht darüber – insbesondere in Gestalt der Soziobiologie – deutlich hinaus. Es macht uns die Motive individuellen Handelns viel deutlicher, indem es uns darauf hinweist, daß auch menschliche Individuen häufig genetischem Eigennutz folgen. So bemessen sie das Maß an Unterstützung, das sie anderen Menschen zukommen lassen, nach der Nähe der genetischen Verwandtschaft und kalkulieren bei scheinbar selbstlosen, altruistischen Handlungen den Nutzen, der sich hieraus für sie selbst wiederum ergeben könnte, wenn dies auch nicht unbedingt bewußt geschieht. Und die Evolution führt zu einer bestimmten Verteilung ‚moralischer‘ Eigenschaften in der Gesellschaft, erzeugt also alles andere als lauter gleichermaßen moralisch veranlagte Individuen. Neben einer großen Zahl von Menschen, die sich innerhalb einer durchschnittlichen Bandbreite ‚moralisch‘ und somit angepaßt verhalten, gibt es eine kleine Zahl überdurchschnittlich aggressiver und eigennütziger Individuen einerseits und überdurchschnittlich selbstloser und aufopfernder Individuen andererseits. Diese können – je nach der historischen Situation und dem jeweiligen Zustand der Gesellschaft – in einem unterschiedlichen Prozentsatz überleben und für sich selbst Vorteile erzielen, solange derartige Individuen nicht zu häufig werden. Und sie können auch der Gemeinschaft als Ganzes von Nutzen sein. So etwa die überdurchschnittlich aggressiven Individuen bei kriegerischen Auseinandersetzungen und die überdurchschnittlich selbstlosen Individuen, indem sie eine Gesellschaft vermeiden helfen, in der schwächere Menschen unter die Räder kommen. Schwächere, die trotz ihrer Defizite über für die Gemeinschaft nützliche Eigenschaften verfügen mögen.

Es gibt unter uns Menschen aber auch einzelne ganz extrem veranlagte oder geprägte Individuen, ‚Randerscheinungen‘, zu deren Verständnis eine evolutionsbiologische Betrachtungsweise kaum noch etwas beiträgt. Denken Sie etwa an die asketischen, mönchisch orientierten, altruistischen Selbstaufopferer nach dem Muster eines Albert Schweitzer oder einer Mutter Teresa. Und auf der anderen Seite des Spektrums stehen nicht nur politische Massenmörder à la Stalin oder Hitler, sondern auch moralisch fast völlig indifferente Individuen, jener Typus, den uns Camus so eindrucksvoll vor Augen gestellt hat: Meursault, der kleine französische Angestellte in Algier, ein ‚Fremder‘, der, getrieben von der unglücklichen Konstellation des Augenblicks, im gleißenden Sonnenlicht des Strands einen ihm wiederum nahezu Fremden erschießt. Die Mischung aus resignativer Indifferenz und doch auch extremer Empfindsamkeit, die ihn in einer als absurd empfundenen Welt gleichzeitig zum Täter und zum Opfer werden läßt, erzeugt eine eigenartige, beklemmende Faszination. Er ist uns eben doch nicht so völlig fremd."

„Lassen wir die zuletzt angesprochenen Extreme psychischer und philosophischer Orientierung oder Desorientierung einmal beiseite", schlug Tante Sapientia vor. „Bei dem Versuch, die menschliche Moral und menschliche Gesellschaften zu verstehen, tritt also nunmehr an die Stelle eines philosophischen Konzepts von Eigeninteresse das ‚egoistische Gen' der Herren Dawkins und Kollegen. Im Grunde wird damit aber nur ein alter Streit auf einem neuen Stand von Kenntnissen wiederbelebt.

Wir können dazu erneut unserem Gastland eine Referenz erweisen, indem wir auf Anthony, Earl auf Shaftesbury, zurückkommen. Schon er schrieb zu dieser Auseinandersetzung: ‚Du hast als einen Allgemeinplatz sagen hören, mein Freund, daß das Eigeninteresse die Welt regiert. Aber ich glaube, daß jeder, der sich näher mit der Sache beschäftigt, zu der Überzeugung gelangen wird, daß Leidenschaften, Stimmungen, Launen, Hingabe, Zwietracht und tausend andere Motive, die dem Eigeninteresse entgegenstehen, den Lauf der Welt in genauso beträchtlichem Maße bestimmen.' Ich glaube mit Shaftesbury, daß man es sich zu leicht macht, wenn man nun all diese emotionalen Handlungsantriebe nur wieder auf ein verstecktes Eigeninteresse zurückführen wollte, sei es nun genetischer oder persönlichkeitsbezogener Art. Schopenhauers Gleichnis ist insofern tiefgründiger, als es auf den ersten Blick scheinen mag. Er nimmt in seiner eigenen Erläuterung dazu auch mehr auf die emotionalen Impulse für oder gegen gesellschaftliche Verbindungen Bezug als auf die praktischen Notwendigkeiten hierfür."

„Ich glaube auch, daß man das alles zu einem komplexen Bild zusammenfügen muß und sich nicht zu einer neuen Art von

Biologismus verführen lassen darf", meldete sich nun wieder David Hume. „Aber so interessant ich diese Diskussion auch finde, sehe ich doch nicht recht, was die Erklärung von Natur und Gesellschaft, was diese Beschreibung von Tatsachen mit Moral im philosophischen Sinne zu tun haben soll. Ich will nicht überheblich erscheinen, aber vielleicht sollten die Leute, die meinen, damit sei schon das Wesentliche über unsere Moral gesagt, nicht nur so unmittelbar im Buch der Natur zu lesen versuchen. Ein Blick in meinen ,Traktat über die menschliche Natur' täte ihnen bestimmt gut – die Gelegenheit dazu besteht nun seit über 250 Jahren. Dort steht bereits, es sei unmöglich, daß der Charakter des Natürlichen oder Unnatürlichen in irgendeiner Weise die Grenzen von moralischer Verworfenheit oder Tugend markieren könne.

Die Erkenntnisse von Evolutionsbiologen, Psychologen und Soziologen mögen also für einen Politiker ganz nützlich sein, der sich fragt, wie sich die Menschen wahrscheinlich verhalten werden. Und sie können auch für einen Philosophen nützlich sein, wenn er sich fragt, welche moralischen Forderungen man den Menschen mit welchen Erfolgsaussichten zumuten kann. Aber wie, um Himmels willen, sollen uns diese Erkenntnisse bei der Antwort auf die Frage helfen, wie wir uns verhalten sollen?"

„Ich habe Sie immer für einen verkappten Atheisten gehalten, der seinen Atheismus nur um der Zeit willen, in der er lebte, etwas beschönigte", rief daraufhin Hans Credorat. „Und jetzt stelle ich fest, daß wir uns im Kern der Sache gar nicht so uneinig sind."

„Nur keine übertriebene Verbrüderung", schmunzelte David Hume. „Ich sehe nämlich gar keinen Widerspruch zwischen Atheismus einerseits und einer tragfähigen philosophischen Moral andererseits."

„Ich schon", warf daraufhin Katharina Feuerbach ein. „Was kann denn für einen Atheisten so falsch an der Handlungsweise jenes jungen Russen sein, der, um seine Ausbildung zu finanzieren, und in dem Glauben, er könne dann fürderhin der Menschheit wertvolle Dienste erweisen, die alte, ‚nutzlose' Pfandleiherin Aljona Iwanowna und deren zurückgebliebene Schwester Lisaweta erschlägt. Muß es dem Atheisten nicht vielmehr höchst absurd und verwerflich erscheinen, daß dieser Raskolnikow dann – sicherlich aufgrund der in der Gesellschaft und seiner Erziehung wirksamen christlichen Indoktrination – das erbeutete Geld nicht benutzt, sich vielmehr schließlich stellt und – getrieben von abstrusen Sühnegedanken – eine langjährige Haftstrafe mit Zwangsarbeit absitzt?"

„Warum sollte dies für einen Atheisten nicht nachvollziehbar sein?", fragte daraufhin Onkel Curioso. „Was haben denn Raskolnikows Gewissensbisse – sieht man einmal von zufälligen historischen Gegebenheiten und der hierdurch bestimmten konkreten Ausprägung ab – letztlich mit Religion und christlichem Glauben zu tun? Dieser Zusammenhang wird doch nur durch das mit großer Raffinesse durchgezogene ideologische Konzept des Autors Dostojewski hergestellt. Nüchtern betrachtet sind diese Gewissensbisse nichts weiter als ein typisches Phänomen eines evolutionär entstandenen Organs, des menschlichen Gehirns, ein Phänomen, das bei einem erheblichen Teil der Menschen auftritt und à la longue wohl für die Menschheit einen Überlebensvorteil darstellt – sonst hätte es sich nicht ausgebildet und erhalten. Damit ich aber nicht mißverstanden werde: Dieses Phänomen ‚Gewissen' – oder sagen wir besser gleich: die Moral – darf nicht auf ein bloß biologisches Phänomen reduziert werden.

Woher kommt die Moral, wenn sie nicht von Gott kommt? Sie ist eine Folge unseres evolutionären Erbes plus Kultur beziehungsweise soziales Umfeld plus ein – mehr oder weniger großer und mehr oder weniger erfreulicher – Schuß Individualität."

„Alles ganz einleuchtend. Womit aber bis jetzt immer noch nicht die Frage beantwortet wurde, wie wir uns verhalten *sollen*", insistierte David Hume. „Wir kommen einfach über die Ebene der Erklärungen nicht hinaus. Um noch einmal ein Beispiel eines neueren Philosophen zu Ehren kommen zu lassen, des amerikanischen Kollegen Frankena: ‚Daß B in allen wichtigen Fragen den Meinungen seiner Kegelbrüder folgt und daß seine Kegelbrüder bei Wahlen stets der X-Partei ihre Stimme geben, mag eine Erklärung dafür sein, daß B der X-Partei seine Stimme gibt. Es ist jedoch sicher keine Rechtfertigung für B's moralisch-politische Handlung.‘ Recht hat er, auch wenn das Beispiel – arme moderne Kollegen – noch in seiner Bildhaftigkeit reichlich abstrakt und blutleer bleibt."

„Als sicher erscheint mir jedenfalls, daß wir uns irgendwie entscheiden sollten", konstatierte Georg Denk. „Mit jener bewundernswerten Anschaulichkeit, die ihr Angelsachsen viel öfter zustandebringt, betont dies auch ein weiterer analytischer Moralphilosoph, Ihr nachgeborener Landsmann Hare – den übrigens eine Ironie des Schicksals ausgerechnet zum Fellow des Corpus Christi College in Oxford machte. Er sagt: ‚Wir können der Frage ‚Was soll ich tun?‘ nicht lange ausweichen; die Probleme des Verhaltens verlangen, auch wenn sie manchmal weniger unterhaltend sind als Kreuzworträtsel, in einer Weise nach einer Lösung, wie es Kreuzworträtsel nicht tun. Wir können nicht darauf warten, die Lösung in der nächsten Ausgabe zu finden, weil es von der Lösung der Probleme abhängt, was in der nächsten Ausgabe passiert.‘"

„Das ist ein recht gemütliches, gleichzeitig aber auch schlichtes und lapidares Bild", warf William James ein. „Ich kann schon verstehen, daß die Metaphorik des lieben Kollegen Hare nach seinem Einsatz als Artillerist in den indischen Bergen und der Kriegsgefangenschaft bei den Japanern von dem Eindruck wiedergewonnener Bürgerlichkeit geprägt ist. Ich habe denselben

Gedanken einmal mit einem etwas dramatischeren Bild ausgedrückt: ,Wir stehen auf einem Gebirgspaß mitten in wirbelndem Schnee und blendendem Nebel, durch den wir dann und wann einen flüchtigen Blick erhaschen auf Pfade, die vielleicht trügerisch sind. Bleiben wir stehen, so erfrieren wir. Schlagen wir einen falschen Weg ein, so werden wir zerschmettert. Wir wissen nicht sicher, ob es überhaupt einen rechten gibt. Was sollen wir tun? Stark und guten Mutes sein! Zum Besten handeln, das Beste hoffen und nehmen was kommt ... Wenn der Tod allem ein Ende macht, so können wir ihm nicht besser entgegengehen.'"

„Sehr schön, wenn auch – bei allem Respekt – ein wenig pathetisch für unsere heutigen Ohren", kommentierte Tante Sapientia. „Aber damit sind wir bei der Beantwortung der Frage, wie wir uns verhalten sollen, nur einen kleinen Schritt weiter. Entschieden hat sich schließlich auch Pyrrho, als er damals seinen Lehrer im Graben stecken ließ, die meisten von Ihnen kennen sicher diese Geschichte. Daß wir uns entscheiden, ist nur der erste Schritt, aber wie wir uns dann weiter entscheiden, darauf kommt es an. Und unsere Vernunft ist leider imstande, uns ganz gegenteilige Möglichkeiten schmackhaft zu machen. Auch dazu gibt es schon eine Anekdote aus dem Geburtsland der Philosophie, nämlich über Diogenes von Sinope."

„Jetzt bin ich aber gespannt", meinte David Hume. „Ich dachte immer, wir hätten zu unserer Zeit die Quellen über die griechische Philosophie noch besser gekannt als ihr. Wir alle erinnern uns an Diogenes' Leben in der Tonne, an seinen herzerwärmenden Wunsch an Alexander den Großen und an seinen menschensuchenden mittäglichen Laternenumzug auf dem Marktplatz von Athen – ja, sogar seine öffentlichen Schamlosigkeiten haben die Zensur der Prüderie überlebt. Aber eine Geschichte über Diogenes und die Sophistik?"

Tante Sapientia lächelte vergnügt und begann zu erzählen.

„Eines Tages wusch Diogenes seinen Kohl, als er den Aristipp vorbeigehen sah. Der war bekanntlich dem Genuß nicht abgeneigt. Und wiewohl Aristipp philosophische Selbstbeherrschung in der Lust lehrte, wollte er – im Gegensatz zu Epikur – den geistigen Genüssen keinen höheren Rang zubilligen als den sinnlichen. An diesem Tag nun langweilte sich Diogenes, aller Genügsamkeit zum Trotz, doch ein wenig bei seiner intellektuell so anspruchsvollen Tätigkeit. Die Gelegenheit zu einer kleinen Provokation kam ihm deshalb gerade recht, und er sagte zu Aristipp: ‚Wenn du mit Kohl vorlieb zu nehmen wüßtest, so würdest du nicht einem Tyrannen den Hof machen.‘ Aristipp aber war um eine Antwort nicht verlegen und versetzte: ‚Wenn du mit Menschen umzugehen wüßtest, würdest du nicht Kohl waschen.‘“

„Das ist eine der Geschichten dieses spätantiken Klatsch- und Tratschbruders Diogenes Laertius“, sagte Onkel Curioso, „unserer Hauptquelle für Anekdoten über die alten griechischen Philosophen, aus der letztlich auch diejenigen immer wieder schöpfen, die bloß spätere Nacherzählungen nacherzählen. Und Diogenes Laertius präsentiert uns auch noch vieles in mehreren Varianten, was manchmal etwas ermüdend ist. In diesem Fall allerdings ist es nicht uninteressant, daß er an anderer Stelle die Initiative umdreht und Platon an den Kohl waschenden Diogenes mit den Worten herantreten läßt: ‚Hättest du dich dem Dionysios fügsam erwiesen, so brauchtest du keinen Kohl zu waschen.‘ Worauf dieser versetzt: ‚Und hättest du dich zum Kohlabspülen herabgelassen, so hättest du dich nicht zum Diener des Dionysios gemacht.‘ Mit dieser Spiegelung wird erst richtig deutlich, daß beides sein Für und Wider hat, Askese und Wohlleben, Streben nach Einfluß und Außenseitertum.“

„Nicht umsonst“, fügte Tante Sapientia hinzu, „hat Montaigne anläßlich dieser Geschichte so treffend bemerkt, daß die Vernunft zu jedem Zweck ihren Schein zu liefern weiß: ‚Sie ist ein

Topf mit zwei Henkeln, den man beim linken fassen kann und beim rechten."

„Und deswegen geht es eben nicht ohne Glauben, sonst kann man die gegensätzlichsten Lebenshaltungen rechtfertigen", stellte Hans Credorat mit Entschiedenheit fest.

Ich allerdings hatte eine Assoziation, die mich für kurze Zeit abschweifen und den Faden der Diskussion verlieren ließ. Ich mußte nämlich an eine Anekdote über Onkel Curioso denken, die in der Familie eine gewisse Unsterblichkeit erreicht hatte. Schon als Zehnjähriger hatte er auf die Frage, was er sich von der Zukunft wünsche, geantwortet: „Eine ordentliche Rente und ein gutes Buch." Er hatte wohl schon damals seine Sympathien zwischen den Lebenseinstellungen von Diogenes und Aristipp geteilt.

Dann aber fand ich zurück zu unserer Diskussion und hörte wieder Hans Credorat.

„Damit wir uns hier nicht allzusehr mit irgendwelchen Geschichten verkohlen lassen, nehme ich jetzt eine Anleihe bei meinem ehemaligen reformtheologischen Bruder im Geiste, der sich dann bedauerlicherweise zum vatikanischen Hardliner gewandelt hat, Joseph Kardinal Ratzinger: ‚Jede Moral braucht ein Wir mit seinen vorrationalen und überrationalen Erfahrungen, in denen nicht nur Berechnung des Augenblicks spricht, sondern Weisheit der Generationen zusammenströmt. Anders ausgedrückt: Die Erfahrungen, die sich in den gemeinschaftlichen Lebensformen der verschiedenen Völker und religiösen Gemeinschaften verdichtet haben, sind wertvoll als Orientierungsmarken menschlichen Handelns.'"

„Unterschreibe ich alles sofort", kommentierte Günther Anders. „Aber habe ich mich verhört oder kam da tatsächlich gar nichts mehr vor über die anfangs von Ihnen behauptete Notwendigkeit religiösen Glaubens?"

„Sie haben mich nur nicht ausreden lassen. Das Entscheidende kommt erst noch. Ratzinger sagt nämlich über die erwähnten

Orientierungsmarken menschlichen Handelns: ‚Wir müssen freilich sofort hinzufügen: Sie sind für sich allein keine genügende Quelle der Moral. Moralische Vernunft und Gottesfrage sind letztlich nicht voneinander abzutrennen. Ohne Bekehrung zu Gott wird es auch keine neue Hinkehr zum Moralischen geben.'"

„Jetzt ist die Katze aus dem Sack", schmunzelte Onkel Curioso. „Aber wenn ich mir so ansehe, was der Glaube an den jeweiligen alleinseligmachenden Gott und die jeweilig einzig wahre Religion in der Geschichte alles an Grausamkeiten und Greueln oder auch nur an ungerechtfertigten Schuldgefühlen und Kasteiungen hervorgebracht hat und noch hervorbringt, dann tue ich mich doch ein wenig schwer mit der Behauptung, wir bräuchten Gott und die Religion, um moralisch zu sein. Und dann: An welchen Gott und welche Religion sollten wir uns halten?

Um es mit Montaigne zu sagen: ‚Was für eine Sittlichkeit ist das, die ich gestern hochpreisen sah und morgen nicht mehr, und die jenseits eines Flußlaufs Verbrechen heißt? Was für eine Wahrheit, die bei diesem Bergzug endet und für die Welt dahinter Lüge ist?' Und hat nicht Maupassant vollends alle Plausibilität auf seiner Seite, wenn er die Moral folgendermaßen beschreibt: ‚dieses angeblich von der Natur gegebene Gesetz, das so undefiniert vielfältig und beliebig ist und von jedem Sachverständigen, ob Priester oder Gesetzgeber, anders eingeschätzt und von der ganzen Welt in einem fort verändert wird.'"

„Gerade deswegen sind wir Christen", antwortete Katharina Feuerbach. „Weil wir sonst in diesem ganzen Durcheinander gar nicht mehr wüßten, an was wir uns halten sollten."

„Aber von der christlichen Moral gibt es doch auch nur die jeweils gerade aktuelle Version, die immer wieder abgewandelt wird", wandte Günther Anders ein.

„Eins sollten wir vielleicht doch zugestehen", meinte Tante Sapientia. „Für Menschen, die in einem bestimmten religiösen

Glauben erzogen wurden und beispielsweise von der christlichen Vorstellung geprägt wurden, wir würden für unsere Taten in einem Jenseits belohnt oder bestraft, mögen in einer Übergangszeit alle inneren moralischen Schranken zusammenbrechen, wenn sie sich von ihrem Glauben lösen. Das Plädoyer für eine autonome menschliche Moral bringt zunächst einmal zweifellos gewisse gesellschaftliche Risiken mit sich, vor allem dann, wenn gleichzeitig das Kontrollsystem gesellschaftlicher Konventionen und informeller sozialer Überwachung immer mehr außer Kraft gesetzt wird, wie es in unseren Großstädten der Fall ist."

„Schon richtig, aber da müssen wir durch", antwortete Georg Denk. „Selbst De la Mettrie konzedierte gewisse moralische Effekte der Religion, sagt er doch: ‚Es mag höchstens zugegeben werden, daß alle die eingebildeten Henker des Jenseits die Arbeit unserer Henker vermindert haben.' Aber selbst wenn die Religion positive Auswirkungen auf die Moral mancher Menschen haben mag, so müßten diese schon viel deutlicher und krasser sein, um einen Grund dafür abgeben zu können, daß man einen Glauben künstlich aufrecht erhält, der seine Überzeugungskraft verloren hat. Als ‚Prothese der Moral' zu dienen, wie unser Mitstreiter Hans Albert derartige Überlegungen einmal genannt hat, das kann auf die Dauer keine ausreichende Daseinsberechtigung der Religion abgeben."

„Wir müssen unsere eigenen, gründlich erwogenen moralischen Entscheidungen treffen", sagte David Hume. „Und nur auf die so gewonnenen moralischen Entschlüsse können wir uns letztlich beziehen, wenn wir im moralischen Sinne von ‚Sollen' sprechen."

„Aber solche Entscheidungen sind doch völlig willkürlich", warf Katharina Feuerbach ein.

„Dann ist die Entscheidung für euren Glauben mindestens gleichermaßen ‚willkürlich'", gab Günther Anders zurück.

„Ihnen fehlt wirklich jedes Verständnis für religiöses Erleben", empörte sich Hans Credorat. „Unser Glaube, unsere Offenbarung – das ist der Weg der Wahrheit."

„Na ja – für euch", sagte Onkel Curioso. „Das soll mir alles recht sein, solange ihr es nicht mehr so macht, wie es unser Göttinger Aphoristiker in sein Sudelbuch schrieb: ‚Da sie sahen, daß sie ihm keinen katholischen Kopf aufsetzen konnten, so schlugen sie ihm wenigstens seinen protestantischen ab.' Und wenn die Religion tatsächlich für einen Teil der Menschen zumindest während einer Übergangszeit eine ganz nützliche Prothese der Moral darstellen sollte, so sind die verschiedenen Religionen – oder auch verschiedene Interpretationen dieser Religionen – dabei jedenfalls von deutlich unterschiedlicher Qualität. Da kommen wir doch zum Kern der Ringparabel. Nathan läßt den weisen Richter sprechen: Strengt euch an! An euren Taten soll die Wahrheit eures Glaubens gemessen werden! Ganz schlau allerdings: erst ‚über tausend tausend Jahre', denn die verschiedenen Religionen sind gleich wahr – heute würden wir sagen: gleich unwahr –, und bis dahin dürfte das klarer sein. Geschickte Ausflucht, Toleranz-Rhetorik und Verführung zum moralischen Verhalten. Das zentrale Problem, nämlich der Wahrheitswert der Religionen, wird auf den Sankt-Nimmerleins-Tag verschoben."

„Das ist richtig", pflichtete Günther Anders bei. „Formuliert man etwas negativer, muß man sagen: Schon Lessing hat das Unglück der Wahrheitsneutralisierung angerichtet – wenn auch mit den besten Absichten."

„Ich weiß nicht recht", antwortete Onkel Curioso. „Einmal befanden wir uns auf einer unserer Reisen im Dom von Syrakus, einer steingewordenen Demonstration des religiösen Relativismus. Dort sieht man noch heute die Säulen eines griechischen Athenatempels, der dann von den Byzantinern durch Zwischenmauern zum christlichen Kirchenschiff umgebaut wurde. Dann machten die Araber eine Moschee daraus, aus den romanischen

Bogendurchbrüchen in der einstigen Tempelcella wurden Hufeisenbögen. Später transformierten die Normannen das ganze wieder in eine christliche Kirche.

Als ich in diesem Kirchenschiff stand, erschien es mir nachgerade absurd, wie heute noch jemand eine dieser Religionen für wahr halten kann. Alles Erfindungen der Menschen, Erfindungen mit wichtigen sozialen Funktionen allerdings. Das war mir selten so unmittelbar und überzeugend klar wie in diesem Moment. Der deistische Relativismus der Aufklärer, Lessings, aber hätte hier ganz anders empfunden als mein atheistischer. Alle diese Religionen bringen, wenn auch unvollkommen und verzerrt, eine gemeinsame Wahrheit und Wirklichkeit zum Ausdruck, hätte man damals gesagt – und viele empfinden das heute noch so. Lessing sah die Wahrheit also anders als wir modernen Atheisten. Deshalb glaube ich, daß ihn der Vorwurf der Wahrheitsneutralisierung kaum getroffen, daß er sich hierdurch vielmehr nur mißverstanden gefühlt hätte.

Was übrigens die Nathan-Fabel angeht, so kann man sie auch folgendermaßen fortspinnen: Selbst wenn es der einen religiösen Gruppe gelingen sollte, zu beweisen, daß sie die bessere Moralprothese hat, so wird sie vor dem Stuhl des weisen Richters dennoch Enttäuschendes zu hören bekommen, nämlich: Die Wahrheit einer Religion oder Weltanschauung und die moralischen Qualitäten ihrer Anhänger seien zwei Paar Stiefel, das eine könne nicht für das andere einstehen. Und wenn wieder ein Saladin nach guten Gründen, nach der Wahl der Weltanschauung aus Einsicht fragt, so wird er nicht nur fragen, ob die jeweilige Weltanschauung wünschenswerte Konsequenzen hat, sondern auch, was sie plausibel macht. Aber trotzdem, mit Nathan: wenn schon Religion als Prothese der Moral, dann bitte eine tolerante, die die Andersgläubigen auch leben läßt."

„Mir ganz aus dem Herzen gesprochen", pflichtete David Hume bei. „Schon einer der Ahnen in meinem empiristischen

Stammbaum, Baco von Verulam, vulgo Francis Bacon, der sich ansonsten in religiösen Dingen meist sehr orthodox gab, hat einmal die grausamen und abscheulichen Handlungen im Namen der Religion beklagt: ‚Wahrlich, das heißt den Heiligen Geist nicht in Gestalt einer Taube, sondern in der Gestalt eines Geiers oder Raben herabsteigen lassen oder auf dem Schiff der christlichen Kirche die Flagge von Räubern und Mördern hissen.‘"

Onkel Curioso flüsterte mir zu: „Jetzt siehst du, daß andere auch schon ganz gut waren in puncto philosophische oder wenigstens theologische Zoologie. Es gibt eben nicht nur Brehms und Grzimeks, sondern auch Sophias Tierleben."

„Auf den Willkür-Vorwurf von vorhin gegen eine autonome Moralsetzung möchte ich noch einen Satz erwidern", meldete sich nun Georg Denk zu Wort. „Einen Satz von Wolfgang Stegmüller, aus einer Zeit, in der er sich noch nicht so strikt auf die Geschichte der Gegenwartsphilosophie und die Wissenschaftstheorie beschränkt hatte: ‚Eine persönliche Gewissensentscheidung, für die ich mir nur selbst verantwortlich bin, ist selbstverständlich *keine* Willkürentscheidung‘, sagte er einmal."

„Irgendwie drehen wir uns im Kreis", bemerkte Bertrand Russell an diesem Punkt der Diskussion. „Auf der einen Seite stehen die vom Erlebnis ihres Glaubens erfüllten religiösen Menschen, die meinen, uns fehle eine wesentliche Dimension menschlichen Erlebens – wir seien gewissermaßen religiös unmusikalisch. Auf der anderen Seite stehen wir Agnostiker und Atheisten, die das Erleben der Gläubigen für ein bloß psychologisches und kulturelles Phänomen halten. Bei den gesellschaftlich einflußreichen Religionen erscheint uns Realitätsentsprechung durch soziale Verankerung ersetzt. Solche Glaubenssysteme erheben einen für uns völlig unplausiblen Wahrheitsanspruch und beschreiben nur Illusionen – Illusionen, die je nach Ausprägung und Toleranz mehr oder minder erfreuliche oder auch verderbliche Folgen haben. Die historische Entwicklung spricht dafür, daß sich unsere Sichtweise immer stärker verbreitet. In welchem Maß sie sich aber durchsetzen wird, ein wie großer Teil der Menschheit langfristig bereit sein wird, seine religiösen Überzeugungen ernsthaft in Frage zu stellen und aufgrund rationaler Überlegungen wesentlich zu ändern, das bleibt eine offene Frage."

„Wenn einmal der soziale Zwang, irgendeiner Religion anzugehören, noch geringer sein wird als heute, dann erst wird sich so richtig zeigen, in welchem Maße die Menschen willens und imstande sind, in weltanschaulichen Fragen ihrem Verstand zu folgen", führte Günther Anders diese Gedanken fort. „Immerhin sind wir Atheisten schon den Status des Kuriosums losgeworden, sind wir wenigstens von einer schieren Unmöglichkeit zum politischen Ärgernis geworden – allerdings im Verlauf von beinahe fünfhundert Jahren. Jenen fünfhundert Jahren, an deren Anfang der erstaunte Ausruf steht, mit dem Luther seine Käthe herbeizitiert haben soll: ‚Käthe, komm doch schnell herein, komm doch und sieh dir diesen Menschen an. Der ist weder Jud' noch Christ noch Türk, und er glaubt auch nicht an Gott.' Noch zweihundert Jahre später sagt dann Friedrich der Große mit untrüglichem Realitätssinn: ‚Selbst der ehrenhafteste Mensch ist verschrieen, wenn er als Mann ohne Religion gilt. Religion ist der Fetisch der Völker.' Und so fühlte sich noch im letzten Viertel des zwanzigstens Jahrhunderts ein amerikanischer Präsident namens Bush senior bemüßigt, im Wahlkampf zu äußern, Atheisten könnten keine guten Amerikaner sein.

Aber es ist ja nicht gesagt, daß die Entwicklung in diesem berauschenden Tempo weitergeht, auf anderen Gebieten hat sie sich schließlich auch etwas beschleunigt. Ob die Religion allerdings jemals verschwinden oder weitgehend verschwinden wird – wer weiß? Unbestreitbar befriedigt sie die verschiedensten psychischen und sozialen Bedürfnisse – und je nach historischer Situation stehen da immer wieder andere im Vordergrund. Oft war sie im Sinne des von Lenin zugespitzten Marx-Wortes ‚Opium fürs Volk‘ oder nach Schopenhauer ‚eine Krücke für schlechte Staatsverfassungen‘, ein Instrument der herrschenden Klassen also zur Erhaltung des Status quo. Andererseits ist die Religion immer wieder zum Kristallisationspunkt von Protest und Reform geworden und hat dabei selbst einen mehr oder weniger vergänglichen Aufschwung genommen. Sogar in Europa haben wir dies erst vor kurzem noch einmal recht eindrucksvoll in der Endphase der DDR erlebt.

Auch psychotherapeutisch wird die Religion instrumentalisiert: Den Logotherapeuten geht es zwar expressis verbis um seelische Heilung und nicht um das Seelenheil, und doch sagt ihr Gründervater Frankl, daß die Religion – für ihn: vorzugsweise die jüdisch-christliche, für uns: gleich welche und gleich, ob wahr oder unwahr – dem Menschen eine geistige Verankerung und eine Geborgenheit biete, die er anderswo nicht finde. Frankl gelten die Religionen, wie ich einmal scherzhaft untertreibend geschrieben habe, nicht als ‚Opium fürs Volk‘, sondern als ‚Kaffee fürs Volk‘, nicht als Betäubungs-, sondern als Stärkungsmittel. Und nur seine intimen Beziehungen zur Religion lassen uns verstehen, wie ein Psychotherapeut schreiben kann, daß es ‚keine Situation gibt, die nicht einen Sinn hat‘.

In unserer heutigen Gesellschaft dient die Religion allerdings für viele zunächst einmal der stimmungsvollen Gestaltung von traditionellen Festen, Übergangsriten und wichtigen privaten Anlässen. Sie wird in verschiedenster Weise als Medium für ästhetischen Genuß benutzt. Und sie fördert soziale Kontakte und erfüllt soziale Aufgaben wie andere Vereinigungen und Vereine auch. Dabei versteht sie es immer noch, die Geborgenheits- und Zugehörigkeitsbedürfnisse vieler Menschen auf besonders wirksame Weise anzusprechen.

All dies macht die Religion so widerstandsfähig gegen aufklärerische Attacken. Wilhelm Busch wußte sehr genau, warum er schrieb: ‚Gewisse Dinge greift man so vergeblich mit Worten an, wie Geister mit Waffen. Der Säbel bricht, die Kugel sinkt kraftlos zu Boden.‘"

„Und dann gibt es auch noch geschickte Leute, die ihre Religion zu stabilisieren verstehen, selbst wenn die Glaubensinhalte erodieren", bemerkte Onkel Curioso. „Dies illustriert eine hübsche Geschichte, die mehr über die soziale Funktion der Religion sagt als manche abstrakte Diskussion: Kommt ein junger Jude zu seinem Rabbi und erzählt ihm, er glaube nicht mehr an Gott. ‚Schon in Ordnung‘, sagt der Rabbi, ‚solange du nur Jude bleibst!‘"

„Eine Antwort von wahrhaft ökumenischer Gültigkeit, wie mir scheint", fügte Günther Anders lächelnd hinzu.

„Wir hoffen und glauben jedenfalls", erwiderte darauf Hans Credorat, wieder leicht gereizt, „daß all diese rationalistischen Unterminierungsversuche weder die Religion im allgemeinen noch den christlichen Glauben im besonderen in die Bedeutungslosigkeit drängen werden. Und den hier vorgetragenen Optimismus bezüglich des Willens und der Fähigkeit des Menschen zur autonomen Moralsetzung möchte ich doch etwas dämpfen, indem auch ich einmal in den Fundus der philosophischen Tierwelt greife: ‚Welches ist der große Drache, den der Geist nicht mehr Herr und Gott heißen mag? ‚Du-sollst‘ heißt der große Drache. Aber der Geist des Löwen sagt ‚ich will‘. ‚Du-sollst‘ liegt ihm am Wege, goldfunkelnd, ein Schuppentier, und auf jeder Schuppe glänzt golden ‚Du sollst!‘ Tausendjährige Werte glänzen an diesen Schuppen, und also spricht der mächtigste aller Drachen: ‚Aller Wert der Dinge – der glänzt an mir.‘ – Freiheit sich schaffen und ein heiliges Nein auch vor der Pflicht: dazu, meine Brüder, bedarf es des Löwen. Als sein Heiligstes liebte er einst das ‚Du-sollst‘: nun muß er Wahn und Willkür auch noch im Heiligsten finden, daß er sich Freiheit raube von seiner Liebe.‘ Da haben Sie doch, was Ihre viel beschworene autonome Moral bedeutet: pure Willkür. Man macht sich zu seiner Moral, was einem in den Kram paßt – und sei es die menschenverachtende Selbstvergötterung des Übermenschen."

„Also sprach Zarathustra", kommentierte Tante Sapientia. „Aber diese aufgeregte Antimoral und Gegenmoral eines Apostaten kann man doch nicht zum Maßstab dafür machen, wie weit es die Menschen durch eine autonome individuelle und soziale Moralsetzung bringen können. Übrigens – und darauf sind wir bei unserer ganzen Diskussion über Entscheidungen noch nicht gekommen: Zu einer solchen autonomen Gestaltung der Moral gehört auch, daß man sich nicht ohne Not Alternativen aufzwingen läßt, sei es nun von anderen Menschen oder von traditionellen religiösen Denkmustern. Nicht immer müssen wir uns für einen der vorgezeichneten Pfade entscheiden. Manchmal kann es das Klügste sein auszuweichen.

Und so sehr ich persönlich mir nur eine monogame Ehe vorstellen kann, so pfiffig fand ich doch stets das Verhalten des Aristipp, als ihm Dionysios drei weibliche Schönheiten vorführen ließ mit der Aufforderung, sich eine auszuwählen. Er nahm gleich alle drei zu sich mit den Worten: ‚Auch dem Paris hat es keinen Segen gebracht, *einer* den Vorzug zu geben.' Daß er nicht nur schlau vorm Tyrannenthron, sondern auch sonst ein ziemlich lebenskluger Philosoph war, zeigte er unmittelbar darauf. Er führte die Damen nur bis in die Vorhalle und ließ sie dann laufen."

„Nach diesen ganz unterschiedlichen ‚Worten zum Sonntag"', sagte nun Georg Denk, „will auch ich dieses Mal statt einer Schlußbilanz, wie ich sie sonst immer gerne versuche, der in diesen Tagen deutlich gewordenen Vorliebe der Teilnehmer fürs Bildhafte folgen. Zu der Notwendigkeit, in moralischen Fragen zu praktisch anwendbaren Ergebnissen zu kommen, obwohl wir über keine objektive, allgemein akzeptable Grundlegung der Moral verfügen, hat Rainer Hegselmann eine schöne Metapher gefunden: ‚In mancherlei Hinsicht sind wir offenbar gezwungen, auf Sand zu bauen, und im Gegensatz zu einer weit verbreiteten Ansicht kann man das durchaus. Allerdings sollte man mit dem Gebäude, das man auf solchem Grund errichtet, nicht zu hoch hinaus wollen.'" Und bevor noch jemand das Wort ergreifen konnte, fügte Georg Denk rasch hinzu: „Damit wird es nun wirklich Zeit, daß wir uns verabschieden." Er hatte schon vorher einige Male besorgte Blicke auf seine Armbanduhr geworfen, weil er wieder einmal verschiedene Zeitvorgaben für die Rückreise der Teilnehmer gefährdet sah. „Ich glaube, dieses Ereignis über die Grenzen von Raum und Zeit hinweg war für jeden von uns anregend. Ich wünsche allen eine gute Rückkehr in ihre persönlichen Zeitspannen."

Eine Reise in Frankreich

Nahrung für Körper und Geist

Wenig später stiegen wir in unseren Fiat Lux und wollten den Transportmodus der BEZUG benutzen, um nach Hause zu kommen. Alle unsere Eingaben führten jedoch nur zu der immer gleichen Anzeige: „Transportmodus inaktiviert".

„So ein Mist", schimpfte ich. „Morgen muß ich unbedingt zur Arbeit."

„Nur keine Aufregung", beruhigte mich Onkel Curioso. „Am Spätnachmittag werden wir in Birmingham sein, und von dort kriegst du bestimmt noch einen Flug. Wir beide aber fahren schön langsam und gemütlich mit dem Auto zurück und machen uns noch ein paar schöne Tage in Frankreich."

„Michel wird schon dafür sorgen, daß es uns trotz aller Diskussionen zwischen Autor und Verleger über das neue Buchprojekt gelingt, das Angenehme mit dem Nützlichen zu verbinden", meinte Tante Sapientia.

„Neues Buchprojekt?", fragte ich neugierig, „um was geht's denn da?"

„Tja, lieber Manfred, das wirst du schon sehen."

Ich konnte lediglich herausfinden, daß die beiden nach Paris fahren wollten, um dort Onkel Curiosos französischen Verleger abzuholen, mit dem sie gut befreundet waren. Gemeinsam mit ihm wollten sie dann zu einer kulinarischen und kunsthistorischen Rundreise zwischen Paris und Burgund aufbrechen. Mehr war den beiden beim besten Willen nicht zu entlocken. Sie verstanden es, Geheimnisse zu bewahren, und hatten immer wieder ihren Spaß daran, einen auf die Folter zu spannen. So verließ ich also Tante Sapientia und Onkel Curioso und kehrte zu meiner Arbeit zurück.

Michel war ein Mann, der ein gutes Gespür für die geistige Situation der Zeit hatte, aber auch die Moden des Zeitgeistes einzuschätzen verstand. Er behielt zudem stets die wirtschaftlichen Realitäten im Auge und hatte beträchtlichen Erfolg. Hin und wieder leistete er sich sehenden Auges Bücher, die er für wichtig hielt, jedoch von vornherein als unrentabel einschätzte. Eines dieser „Steckenpferdprojekte" war auch die Übersetzung von Onkel Curiosos erstem Buch gewesen, und tatsächlich hatten sich weder das Original noch die französische Übersetzung gut verkauft. Michel aber verband nun eine Freundschaft mit Onkel Curioso und Tante Sapientia.

Ich persönlich hatte daran gezweifelt, daß Onkel Curioso überhaupt noch einmal ein weiteres Buch schreiben würde. Lange Jahre hatte er immer nur an seinem spröden, nicht gerade leicht lesbaren philosophischen Erstlingswerk herumgebastelt und den Eindruck erweckt, es reiche ihm vollauf, ein Buch geschrieben zu haben und dieses immer weiter zu verbessern. Ich glaube, ich habe schon erwähnt, daß er gelegentlich mit einem gelassen wirkenden Lächeln Wilhelm Buschs Satz ,Die Philosophen und die Hausbesitzer haben immer Reparaturen' zu zitieren pflegte – ein ebenso selbstironischer wie subversiver Satz, der unter anderem aber auch für die von äußerem Erfolg weitgehend unabhängige Hartnäckigkeit seines philosophischen Bemühens stand. So war ich zugegebenermaßen ein wenig überrascht, als ich am Ende unseres Waliser Abenteuers erfuhr, daß Onkel Curioso offenbar etwas ganz Neues angepackt hatte.

Später erzählte mir Tante Sapientia, daß schon vor dieser Reise mehrere Briefe zwischen Michel und Onkel Curioso hin und her gegangen waren, in denen sie über das neue Buch diskutierten, ohne daß sich einer der beiden ein Blatt vor den Mund nahm. Kurze Zeit hatte sie sogar befürchtet, sie könnten sich so in die Haare geraten, daß ihre Freundschaft darunter leiden würde.

Zwar betonte Michel, es sei ein gutes Buch. Aber dann kam es knüppeldick. Onkel Curioso solle seine Zeitkritik eindampfen, sie sei oftmals banal, gar „Stammtisch". Daß die Allgemeinheiten in der Diskussion immer die besten Dienste leisteten, und man damit wie ein geschickter Lotse die Klippen vermeiden und sich auf hoher See halten könne, dieser Ratschlag von Jolys Macchiavelli tauge zwar sehr gut für einen Politiker, für einen philosophischen Schriftsteller aber sei er tödlich. Auch diverse peinliche Selbstoffenbarungen könne er sich sparen. Er solle lieber das philosophisch-literarische Kaleidoskop schütteln, als irgendwelche mißglückten Dinge zu erfinden. Er sei durchaus ein professioneller Autor, aber kein Dichter.

Die letzte Bemerkung hatte Onkel Curioso ohne Murren akzeptiert, aber sonst leistete er lange hartnäckigen inneren und äußeren Widerstand und verteidigte seinen Text mit Zähnen und Klauen. „Weißt du, was wir machen?", schrieb er an Michel. „Wir lassen den Text, wie er ist, und klauen uns ein Motto aus der Weltliteratur, den Anfang ‚der größten Satire gegen die menschliche Begeisterung‘: ‚Müßiger Leser. – Ohne Schwur magst du mir glauben, daß ich wünsche, dieses Buch, das Kind meines Gehirns, wäre das schönste, lieblichste und verständigste, das man sich nur vorstellen kann. Ich habe aber unmöglich dem Gesetze der Natur zuwiderhandeln können, daß jedes Wesen sein Ähnliches hervorbringt. Was konnte also mein unfruchtbarer, ungebildeter Geist anderes erzeugen als die Geschichte eines dürren und welken Sohnes, der wunderlich und voll seltsamer Gedanken ist, die vorher noch niemand beigefallen sind.‘"

Onkel Curioso hatte jedoch rasch feststellen müssen, daß er mit diesem Ausweichmanöver nicht durchkommen würde. „Es ist meine Aufgabe, den Autor zu seinem Besten zu quälen", schrieb Michel. Und mit der Zeit wurde Onkel Curioso immer klarer, daß er in vielem recht hatte. Also setzte er sich hin und überarbeitete den Text.

Es ging dann noch ein wenig hin und her. „Also, so ganz bei Trost bist du nicht", monierte Michel. „Da ist der Leser gerade dabei, sich ein wenig an diesen seltsamen Heiligen zu gewöhnen – und schon bringst du ihn unter die Erde." Onkel Curioso hatte eine seiner Hauptfiguren, die sogar im Titel vorkam, schon recht früh, im ersten Teil des Buches, sterben lassen. „Lies erst mal weiter", entgegnete er ungerührt. „Wirklich tot sind wir erst, wenn sich niemand mehr an uns erinnert. Du wirst schon sehen, wie ein toter Mann die Geschichte noch prägen kann."

Schließlich war Michel sicher, daß er hier kein weiteres Mal das unverkäufliche Buch eines unbekannten Autors verlegen würde, sondern ein auch wirtschaftlich erfolgversprechendes Projekt vor sich hatte – was seine von Natur aus ohnehin meist gute Laune noch erheblich verbesserte. Er war überrascht, daß Onkel Curioso etwas derartiges zuwege gebracht hatte. Was für ein Unterschied zu jenem früheren Buch, das er zwar um seiner Klarheit und Systematik willen hoch schätzte, das aber ohne Zweifel recht trocken war. Damals hatte sich Onkel Curioso zwischen alle Stühle gesetzt: Für das allgemeine Publikum war er zu schwierig und differenziert, während die Leute vom Fach die gedrechselte, fach- und fremdwortverhangene Sprache vermißten, die zur Schau stellt, daß einer die Initiationsriten der zeitgenössischen Universitätsphilosophie – oder besser noch: einer ihrer Schulen – durchlaufen hat. Das neue Buch dagegen schien für die verschiedensten Typen von Lesern geeignet zu sein. Zwar entsprachen die offenkundigen Sympathien seines Autors für eine naturalistische und atheistische Philosophie nicht dem Zeitgeist der Intellektuellen. Aber Michel sah doch Grund zu der Annahme, daß selbst diejenigen, die diese Sympathien nicht teilten, an dem Buch einige Freude haben könnten.

Jetzt fuhren die drei auf der Landstraße Richtung Beaune. Der Fiat Lux hatte in Paris bleiben müssen, weil Michel es liebte, in seinem betagten, aber gut erhaltenen und liebevoll gepflegten schwarzen Citroën über Land zu fahren. Sie wissen schon, jenes Modell, bei dem die Vordertüren an der Mittelsäule angeschlagen sind, so daß man nach vorne herausspringen kann, was Gangstern und Polizisten in alten französischen Filmen eine Dynamik verleiht, die die knalligen Effekte amerikanischer Action-Neuheiten alt aussehen läßt.

Onkel Curioso wollte Tante Sapientia endlich einmal das Hospital Hôtel-Dieu in Beaune zeigen, das sie noch nie gesehen hatte, obwohl sie schon früher zusammen durch Burgund gereist waren. Gelegentlich hatte er Spaß daran gehabt, ihr von einem dekorativen Detail in diesem Gebäude zu erzählen. Der Erbauer, ein Parvenu des 15. Jahrhunderts, Nicolas Rolin, Kanzler Philipp des Guten, hatte zur Huldigung an seine Ehefrau überall auf den Platten des Fußbodens oder als Wandschmuck, so auch auf einem umlaufenden Zierschriftband unterhalb des Tonnengewölbes im großen Krankensaal, seinen Wahlspruch anbringen lassen: „La Seulle", die Einzige. Er war aber ein rechter Schürzenjäger, der neben seiner Ehe ständig amouröse Beziehungen zu allen möglichen anderen Damen unterhielt. Nun hatte ich Onkel Curioso immer als den Typ Mann eingeschätzt, dem Treue etwas bedeutete – und doch war ich den Eindruck nicht losgeworden, daß sich Tante Sapientia über diese Erzählung nicht ganz genauso hatte amüsieren können wie er. Aber eines der bedeutendsten gotischen Profangebäude wollte sie jedenfalls einmal gesehen haben.

Im Grunde will die große Liebe immer alleine dastehen – und dies noch entschiedener aus der Sicht der Frau. Jeder Kompromiß, der ihr in diesem Punkt abverlangt wird, hinterläßt Bitterkeit. Tante Sapientia war mit Sicherheit als eine jener vitalen und selbstbewußten Vertreterinnen des „schwachen" Geschlechts anzusehen, die im Ernstfall lieber ihre Liebe verleugnen, als sich einen solchen Kompromiß aufzwingen zu lassen. Der Anflug von Enttäuschung, der sich so oft im Gesicht derjenigen Frauen festsetzt, die nachgegeben haben, hätte gar nicht zu ihr gepaßt. Und auch wenn sie Onkel Curiosos Humor nicht immer als gelungen empfand, zweifelte ich nicht daran, daß sie glücklich war.

Und nicht nur „alte Steine" wollte sie sehen. Es gab noch andere Gründe, warum sie ohne Zweifel gerne mit den beiden Herren nach Burgund fuhr. Ich sagte schon, daß sie selbst eine gute Köchin war – und in dieser Gegend gab es immer wieder alle möglichen Anregungen. Auch sonst hatte sie ihre ganz eigenen Vorlieben. So wie es Michel Freude machte, in seinem alten schwarzen Citroën herumzureisen, oder ich seit Jahren beinahe hundertfünfzig Kilometer zu meinem englischen Friseur fahre, so hatte Tante Sapientia zum Beispiel ein Faible für burgundischen Champagner, genauer gesagt: burgundischen Vin mousseux, méthode champenoise.

Seit Jahren besuchten die beiden immer, wenn sie in die Nähe kamen, einen jener burgundischen Winzer, die es mit einem relativ kleinen, aber hochkarätigen Weinberg zu beträchtlichem Wohlstand gebracht haben. Dieser Winzer hatte die beiden, die ihn aufgrund einer Empfehlung in einem englischen Weinatlas aufgesucht hatten, schon wenige Jahre nach dem Krieg sehr freundlich empfangen, obwohl sie „boches" waren. Er hatte ihnen seinen Keller gezeigt und bei einer ausführlichen Weinprobe verschmitzt darauf hingewiesen, daß ihm die deutschen Soldaten nur seinen billigeren Wein weggetrunken hätten, weil sie nicht bis in die flechtenverhangenen Nischen des Kellers vorgedrungen seien, wo in unscheinbar aussehenden Flaschen seine besten Kreszenzen lagerten. Auch später hatte er an dem bewährten Prinzip des „mehr sein als scheinen" festgehalten. So bekamen Curioso und Sapientia den bei ihm gekauften Wein in „nackten" Flaschen mit, eine Dechiffrierliste anbei, nach der sie zuhause die Etiketten den verschiedenfarbigen Stanniolbanderolen am Flaschenhals zuordnen konnten. Dadurch ließ sich der Wein beim Zoll als einfacher Landwein deklarieren.

Aber zurück zu ihrer Reise. Sie fuhren noch auf einer jener alten französischen Landstraßen, auf denen sich das Auto angestrengt an der beinahe wie eine umgedrehte Dachrinne nach außen gewölbten Fahrbahn festzuklammern scheint, um nicht abgeworfen zu werden, und auf denen man bestens versteht, warum die französischen Autobauer von jeher besonderen Wert auf eine komfortable Federung gelegt haben. Das Schaukeln des Autos schien einschläfernd zu wirken und ließ ihr Gespräch eine Zeitlang zum Erliegen kommen.

Schließlich fragte Michel: „Mich würde schon mal interessieren, wie du überhaupt auf die Idee gekommen bist, diese literarisch-philosophische Collage zu produzieren?"

„Weißt du, da ist doch dieser Bestseller aus Norwegen erschienen, dieser ‚Roman' über die Geschichte der Philosophie, ‚Sophies Welt'."

„Erinnere mich nicht daran, ich habe die Verlagsrechte für Frankreich knapp verpaßt, etwas zu langsam war ich da, eine meiner größten Dummheiten in den letzten Jahren."

„Ich habe mir gedacht, sieh mal an, mit einem solchen Thema kann man so viele Menschen erreichen, vielleicht solltest du doch noch einmal ein Buch schreiben, etwas leichter lesbar, populärer, amüsanter, ein Buch, das die Leute gerne in Urlaub mitnehmen, bei dem ich Spaß beim Schreiben habe und die anderen Spaß beim Lesen und von dem der Leser trotzdem profitieren kann. Und dann hab' ich mir obendrein gedacht: Wäre doch schön, wenn ich auch noch etwas davon profitieren und mit meiner Frau noch einige Jahre in wirklichem Wohlstand leben könnte, einem Wohlstand, bei dem man nicht schon bei auch nur etwas gehobeneren Ansprüchen einem ständigen Sparzwang ausgesetzt ist, sondern sich vielleicht sogar noch etwas Mäzenatentum und Philanthropie leisten kann. Außerdem würden wir im Alter gerne möglichst lange in unserem schönen Haus wohnen bleiben, auch wenn wir einmal recht hilfe- oder gar pflegebedürftig werden sollten. Ich habe immer mit viel Verständnis und Sympathie verfolgt, wie der hochbetagte Golo Mann da so alleine mit einer Pflegerin in seiner Elf-Zimmer-Villa über dem Zürichsee wohnte. Jener ,hartnäckige Villenbesitzer', wie ein guter Freund schon Golos Vater nannte, das ist der Neigung nach auch dieser andere Thomas, den du hier vor dir siehst, auch wenn er bis jetzt nur mit Müh und Not die Wirklichkeit ein wenig damit in Einklang bringen kann. Eine einigermaßen angenehme und großzügige Umgebung könnte einen die Einschränkungen des Alters jedenfalls etwas leichter ertragen lassen. Ein Glück, wenn man die finanziellen Mittel dafür hat."

„Also, ich muß schon sagen", erwiderte Michel nicht ohne eine gewisse Ironie, „mit dem, was man sich herkömmlich unter einem philosophischen Lebensideal vorstellt, hat das aber nur am Rande zu tun. Du solltest dich vielleicht doch ein wenig mehr an den Ratschlag unseres Herrn von Fontenelle halten: ,Wer glücklich sein will, reduziert und zieht sich zusammen, so sehr, wie es ihm nur möglich ist. Er wechselt den Platz wenig und nimmt wenig Platz ein.'"

„Ist ja schon recht", antwortete Onkel Curioso. „Es müssen auch nicht gleich elf Zimmer in prominenter Lage sein, ich bin mit unserer bescheideneren Behausung durchaus zufrieden. Ich will doch hier nicht die Lebensumstände der oberen Zehntausend als Ideal propagieren, weder für mich selbst, noch für die Allgemeinheit, für die so etwas erst recht völlig illusorisch wäre."

„Gut", sagte Michel. „Jedenfalls weiß ich jetzt ein wenig mehr über deine nicht immer ganz keuschen Motive als philosophischer Schriftsteller. Allerdings ist diese Idee Jostein Gaarders – ein böser Kritiker sagte einmal: die Infantilisierung der Hochkultur – inzwischen schon von einer ganzen Schar von Autoren in irgendeiner Form aufgenommen worden. So viele Autoren wollen es jetzt ihrem Publikum möglichst bequem machen, alles verdaulich zubereiten und natürlich selbst davon profitieren. ‚Philosophy light' – unter Freunden gestatte ich mir hier einmal einen der bei uns verpönten Anglizismen. Man will eine Art Nürnberger Trichter für Philosophie erfinden. Meistens kommt bei diesen Versuchen nicht allzuviel Gescheites heraus."

„Das ist schon richtig", sagte Onkel Curioso. „Die Popularisierung der Philosophie hat ihre Geschichte – und sie hat ihre Vorzüge und natürlich auch ihre Grenzen. Da gab es bei uns in Deutschland schon in den sechziger Jahren Wilhelm Weischedels – sehr solide gebaute – ‚philosophische Hintertreppe'. Die achtziger Jahre gehörten dem Erfinder des neapolitanischen Professors. Und in den neunziger Jahren hat Gaarders überwältigender Erfolg – wen wundert's – jede Menge Autoren und Verlage dazu animiert, auf dieser Welle mitzuschwimmen. Philosophie als Kaffeehaus-Abenteuer, diverse mehr oder weniger lose und belanglose Sammlungen von Anekdoten mit Klatsch und Tratsch aus dem Alltags- und Privatleben der Philosophen, die nun zum Selbstzweck werden und nicht mehr – wie noch bei Weischedel – dazu dienen, auf rasche und interessante Weise in das Zentrum des jeweiligen Denkens vorzudringen. Feuilletonistische Briefwechsel philosophisch bemühter BrieffreundINNeN und was dergleichen mehr auf den Markt geworfen wurde. Man hat sich nicht einmal geniert, Gaarders Idee ‚Der Lehrer und das Mädchen' abzukupfern."

„Ja", bemerkte Michel, „es brauchte schon ein wenig Selbstvertrauen, um da noch zu glauben, dein Projekt sei etwas Besonderes und nicht nur das x-te Produkt dieser ganzen Modewelle."

„Das Geheimnis ist: Mir hat es viel Vergnügen bereitet, das Buch zu schreiben. Weißt du, man kann seine Erfahrungen und Erinnerungen auf ganz andere Weise einbringen als in einem philosophischen Klartext. Man kann alle möglichen Spielchen treiben, etwa mit Andeutungen und übereinandergelagerten

Verständnisebenen arbeiten und obendrein Probleme einkreisen, ohne sich ganz auf einen Standpunkt festzulegen. Und wenn auch am Anfang, ehrlich gesagt, die wirtschaftlichen Motive sogar der entscheidende Antrieb waren, so hat das Projekt während der Arbeit doch rasch seine eigene Dynamik entfaltet, die das ursprüngliche Motiv ziemlich in den Hintergrund gerückt hat."

„Man merkt dem Buch an, daß dir das Schreiben Spaß gemacht hat", sagte Tante Sapientia. „Für ein literarisches Machwerk eines Philosophen ist es überraschend amüsant und doch vielschichtig geworden. Du hast ein paar Erzählstränge sehr schön miteinander verwoben und hattest offensichtlich nebenbei eine diebische Freude daran, Autobiographisches zu verschlüsseln."

„Ist auch besser so", sagte Onkel Curioso. „Es zählt nicht gerade zu den erfreulichen Errungenschaften unseres Zeitalters, daß so viele – schon gar, wenn sie ein wenig ephemere Prominenz erlangt haben – glauben, sich selbst bespiegeln zu müssen. Und die Versuche, Autobiographisches oft schon in jungen Jahren gewinnbringend zu vermarkten, haben sich bereits zu einer Art Seuche ausgewachsen. Was mich angeht, so stellt sich obendrein die Frage, ob ich bei meinem – jedenfalls äußerlich – recht ruhigen und unauffälligen Leben jemals alt genug werde, um mit Fug und Recht eine Autobiographie zu schreiben. Das richtige Alter hierfür wäre jenseits der Neunzig anzusetzen, so wie es selbst Bertrand Russell hielt, der doch ein viel bewegteres Leben hatte. Dummerweise weiß man allerdings nicht, ob man dieses Alter erreicht und dann auch noch seine sieben Zwetschgen so weit beieinander hat, daß man irgend etwas halbwegs Geordnetes schreiben oder diktieren kann. Aber Autobiographisches mit Maß und Ziel als literarische Anregungen und Motive einzusetzen, das darf man sich schon früher erlauben."

An den folgenden Tagen führten die drei noch manch angeregtes Gespräch und verbrachten auch sonst eine schöne Zeit in Burgund. Tante Sapientia erzählte später immer wieder gerne davon, wenn auch nicht ohne Wehmut. Sie statteten der Kirche Sainte Madeleine in Vézelay einen Besuch ab, die Onkel Curioso besonders wegen ihrer spektakulären Höhenlage und ihres Turms über dem Querschiff immer wieder faszinierte. Allerdings konnte er bei aller Begeisterung auch nie den Gedanken unterdrücken, wie sehr sich die Menschen, die solche Höhepunkte des sakralen Bauens hervorgebracht hatten, ihr karges Los mit den hierfür eingesetzten finanziellen Mitteln hätten erleichtern können. Aber hier ging es neben den spirituellen Motiven auch um eine Machtdemonstration der Kirche und die Manipulation des menschlichen Gemüts durch bombastische Beeindruckung. Andererseits war er sich der Tatsache bewußt, daß von einem menschenfreundlicheren Einsatz derselben materiellen Mittel wohl kaum viel übriggeblieben wäre, was wir heute noch bewundern könnten.

Nicht gerade heiter stimmten ihn die relativ kümmerlichen Reste des geschichtsträchtigen Cluny. Hier gedachte er vor allem des scholastischen Theologen und Philosophen Abélard, der wegen seiner Liebe zu Héloise in finsterer Nacht im Auftrag ihres Onkels überfallen und entmannt wurde und dem man dort Zuflucht gewährt hatte, nachdem seine Lehren vom Konzil zu Sens als Häresie verworfen worden waren und man seine Bücher zum zweiten Male verbrannt und seine Schule geschlossen hatte.

„So fern braucht uns das gar nicht vorzukommen", sagte Onkel Curioso. „Noch heute werden in Afrika Tausende von Mädchen aufgrund finsterer religiöser und sozialer Konventionen durch Beschneidung grausam verstümmelt, mehr als 850 Jahre nach der Geschichte von Abélard und Héloise! Und die letzten Bücherverbrennungen sind nicht einmal bei uns so sonderlich lange her. Manche würden heute noch gerne den Autor gleich mitverbrennen, denkt nur an Salman Rushdie. Sogar mitten in Westeuropa mußte er noch teuer dafür bezahlen, daß er sein

Recht auf freie Meinungsäußerung und künstlerische Freiheit wahrgenommen hat."

Abgesehen von solchen Momenten waren es recht unbeschwerte Tage. Als sie eines Abends gerade ein vorzügliches Petatou poitevin (Ziegenkäsegratin mit Kartoffeln) zur Vorspeise aßen, sagte Michel: „Weißt du, wir Franzosen hören ja in der geistigen Auseinandersetzung gerne das Gras wachsen. Wir bringen kaum weniger Modephilosophen hervor als Modeschöpfer, und manche kreieren auch einen neuen Stil, wie etwa der Erzeuger der „philosophischen Postkarte". Aber abgesehen davon, daß wir den Dernier cri lieben, haben wir auch schon eine etwas längere Tradition in philosophischen Romanen als die Norweger. Und wir sind vielleicht etwas stolzer auf unsere Kultur und Sprache als die anderen großen Kulturnationen."

„Ganz ohne Zweifel", antwortete Onkel Curioso. „Erinnerst du dich an das Gespräch, das wir vor ein paar Jahren in dem herrlichen kleinen Restaurant in Chinon führten? Da hatte mich gerade wieder die Arroganz mancher Franzosen genervt, denen man deutlich anmerkt, daß sie jeden Menschen, der nicht gut französisch spricht, im Grunde für einen Kulturbanausen halten."

„Ja, genau, als wir nach einem hervorragenden, aber zu reichlichen Essen in den spartanischen Zimmern im Dachstuhl über den Garagen übernachtet haben. Die Chefpastete war wirklich außerordentlich, wenn auch nicht gerade leichte Kost. Und du hast dich damals nicht nur über unseren Dünkel mokiert, sondern uns auch für unser Kultur- und Sprachbewußtsein gelobt. Jetzt fällt mir auch wieder ein, wie das Restaurant hieß: ,Gargantua'. Damals dachte ich nicht daran – aber mein Landsmann Rabelais war ohne Zweifel einer der Vorläufer des philosophischen Romans. Erst jetzt, wo wir darüber reden, wird mir so richtig klar, daß da eine unverkennbare Linie von ,Gargantua und Pantagruel' zu ,Candide' führt.

Bevor du mich wieder einmal abgelenkt hast, wie es so deine Art ist, hatte ich dir nämlich erzählen wollen, daß mich dein Buch aus den verschiedensten Gründen an die ‚Optimismus‘-Schrift unseres großen Landsmanns François-Marie Arouet erinnert: Im Gegensatz zu dem satirischen Rundumschlag von Rabelais, der die Position des Autors stark im Ungewissen läßt und im Zweifelsfall noch den humoristischen Effekt vor die philosophische Aussage stellt, ist im ‚Candide‘ – wie bei dir – eine klare philosophische Stoßrichtung erkennbar. Den Spaß an Einfällen und an der literarischen und stilistischen Spielerei hast du wiederum mit beiden gemeinsam. Und an der Harmlosigkeit, die viele unserer zeitgenössischen literarisch-philosophischen Produkte kennzeichnet, leidet dein Buch ebensowenig wie die Werke deiner großen Vorgänger. Du oder deine Protagonisten – ihr lehnt euch in einigen kritischen Fragen ganz schön weit aus dem Fenster. Und noch eins: Auch Voltaire war bekanntlich ein sehr geschäftstüchtiger Mann, und dir bedeutet der materielle Gesichtspunkt mittlerweile auch ein wenig mehr als früher.

Diese Balance zwischen Lebenstüchtigkeit bis hin zum Zynismus und einer philosophischen Lebenshaltung, die sich allem verweigert, was man als Opportunismus bezeichnen könnte und von einem geradezu schon illusionären Glauben an die Moralität der Menschen geprägt ist, hat bereits Diderot zum Thema eines philosophischen Romans gemacht. Und im Spannungsfeld seiner komplementären Figuren scheinst du dich jetzt doch ein wenig von der Position des Philosophen zu der von Rameaus Neffen hinzubewegen. Schadet dir nicht, wenn du mich fragst.“

„Wie dem auch sei“, bemerkte Onkel Curioso. „Auf jeden Fall verfügt jener Neffe Rameaus über eine Lebensfreude und Genußfähigkeit, die asketisch angehauchten Philosophen fehlt. Und zumindest in einem Punkt fühle ich ganz mit ihm: Auch ich würde gerne noch ‚40 Jährchen‘ so weiterleben, wie ich bin.“

„Noch etwas fällt mir jetzt auf, wo wir von Diderot reden: Zum Teil ist seine philosophische Belletristik moderner als Voltaires ‚Candide‘ und sogar noch moderner als das Buch, das du jetzt geschrieben hast. Zwar trefft ihr euch alle in einer gewissen Verpflichtung gegenüber der Ahnenreihe des pikarischen Romans, vor allem, was die Offenheit der Form angeht, die eine Erweiterung durch alle möglichen Einschübe und Anhängsel erlaubt. Aber denk einmal an Diderots ‚Jacques, der Fatalist‘. Da findet man keine so weitgehend geradlinige Fabel wie bei Voltaire und dir, sondern wird in ein ziemliches Chaos gestürzt, ein produktives allerdings, das weniger Bevormundung des Lesers mit sich zieht.“

„Ja, ich weiß schon: ‚Anything goes‘, ‚wider den Methodenzwang‘, ‚jeder konstruiert sich seine Wahrheit‘ und so fort – das gilt heutzutage als zeitgemäß. Was in Diderots Roman über Willensfreiheit, Schicksal und Menschlichkeit trotz der etwas chaotischen Handlung noch im Dienste eines klaren Konzepts steht, haben inzwischen die ‚Luftbaumeister der mancherlei Gedankenwelten‘ übersteigert, ‚deren jeglicher die seinige mit Ausschließung anderer ruhig bewohnt‘ – so hat dies Kant in einer seiner anschaulichsten Formulierungen beschrieben, in jenen ‚Träumen eines Geistersehers‘, an deren Ende er auch Voltaires ‚Candide‘ seine Referenz erweist.“

„Also, ich wollte dich jedenfalls nicht auffordern, dich auch zu jenen ‚Luftbaumeistern‘ zu gesellen. Bleibe du lieber bei deiner Art zu schreiben, sie paßt schon zu dir. Mit den ordnungsliebenden Philosophen ist das überhaupt so eine Sache. Nicht unbedingt kommt da geistige Schlichtheit zum Ausdruck. Bis zu einem gewissen Grad ist das sicher eine Frage des Naturells. Und was die Ordnung in der persönlichen Umgebung angeht, spielt auch die Arbeitsselbstverpflichtung, der Leistungsdrang des Systematikers, eine Rolle. Nach dem Motto ‚Wer Ordnung hält, ist nur zu faul zum Suchen‘ will er nicht unnötig Kraft und

Zeit verschwenden. Aber glaubst du, daß das schon genügend erklärt, warum Kant es nicht leiden konnte, wenn er Schere und Brieföffner auf seinem Schreibpult oder die Stühle in seinen Zimmern nicht immer in genau der gleichen Position vorfand? Auch du bist ja ein überdurchschnittlich ordentlicher, ein fast schon – nimm's mir nicht übel – anankastischer Mensch."

„Das kannst du wohl sagen", pflichtete Tante Sapientia lächelnd bei.

„Du mußt gerade reden, liebe Frau. Was bist du in manchen Dingen etepetete. Denk mal an deine Marotte, das Nirosta-Becken in der Küche blitzblank zu putzen, auch wenn es gleich wieder gebraucht wird."

„Ich weiß schon, ihr zwei habt euch gefunden", amüsierte sich Michel. „Sonst wäre es wohl kaum so lange gut gegangen."

„Ich gebe ja zu", räumte Tante Sapientia ein, „daß auch ich meine zwanghaft-pedantischen Züge habe. Abgesehen davon dürft ihr aber nicht vergessen, daß in der Ordnungsliebe im persönlichen Bereich auch ein ästhetisches Moment steckt. So kann man etwa in einer Wohnung ab einem gewissen Grad von Schlamperei gar nicht mehr erkennen, daß oder ob die Bewohner bei der Einrichtung irgendein gestalterisches Konzept verfolgt haben."

„Da ist schon was dran", antwortete Michel. „Nur legen manche Menschen eben wenig Wert auf solche Dinge und bringen ihre Persönlichkeit auf andere Weise zum Ausdruck. Aber um noch einmal auf die ordnungsliebenden Philosophen zurückzukommen: Das sind oft nicht einfach nur Neurotiker, sondern Menschen, die auch in ihrer kleinen Welt ein Gegengewicht zu der zersetzenden Kritik suchen, die sie an vielen gedanklichen Selbstverständlichkeiten ihrer Zeit üben. Sie suchen einen Ausgleich angesichts der von ihnen vorgenommenen Liquidierung hochgeschätzter Vorurteile, die die gesellschaftliche Ordnung stützen. Sie brauchen ihre persönliche Illusion von Sicherheit als Gegengewicht zu der Irrationalität, Unbeherrschbarkeit und Ungerechtigkeit der Welt, die sich in Naturkatastrophen manifestiert oder in der manchmal schlechthin unfaßbaren Grausamkeit der Menschen. Da steckt eine der Wurzeln für die Pedanterie des ‚Alleszermalmers' Kant und auch unseres lieben Curioso. Obwohl es sicher auch bei Philosophen eine weniger tiefgründige neurotische Spielart davon gibt."

„Michel fällt allerhand zu deinen Zwängen ein", schmunzelte Tante Sapientia.

„Dem Herrn Verleger scheint es zu belieben, sich als Vulgärpsychologe zu betätigen ..."

„Dir fehlt es entschieden am nötigen Respekt, mein Freund. Aber das wird mich nicht abhalten, dein Buch zu verlegen, um jetzt mal auf was Konkreteres zu sprechen zu kommen. Und vorher noch etwas anderes zum Thema philosophische Belletristik: Weißt du, was mir aufgefallen ist, nachdem wir kürzlich über den bewußten Autor gesprochen hatten, an dessen Erfolg mich meine Dummheit leider nicht teilhaben ließ? Da hat doch dieser schriftstellernde Philosophiedozent aus Norwegen einen so vielseitigen Mann wie unseren Voltaire nahezu vergessen. Statt ihm gräbt er – politically correct – Marie Olympe de Gouges aus, eine Frauenrechtlerin aus der Zeit unserer Revolution. Sie mag durchaus ihre Verdienste gehabt haben, aber was sucht sie in einem literarischen Gewaltmarsch durch die Philosophiegeschichte, bei dem wir schon an so vielen, weit bedeutenderen Wegmarken achtlos vorübergeeilt sind? Da kann es nur wenig trösten, daß der Autor immerhin so viel Sinn für ausgleichende Gerechtigkeit bewiesen hat, um die Frauen von einer Französin repräsentieren zu lassen."

„Ich finde das sehr gut", meinte Tante Sapientia. „Denn die Franzosen haben den Frauen vielleicht als erste Nation wirkliche Gleichberechtigung zugebilligt, wenigstens in der politischen Deklaration und in der Literatur. Denkt doch noch einmal an die Geschichte der Madame de La Pommeraye in Diderots ‚Jacques der Fatalist und sein Herr'. Da kommt ein Verständnis für die Motive der Protagonisten zum Ausdruck, das weit hinausreicht über moralisierende Schwarzweißmalerei und eine konventionelle Fixierung der Geschlechterrollen. Die abgelegte Liebende rächt sich an ihrem Geliebten, indem sie ihn mit einer Hure verkuppelt, die sie ihm als ehrbare Dame vorführt. Sie stößt dafür beim Erzähler des Romans auf ebenso großes Verständnis – ‚um ihm zu gefallen, hatte sie schließlich ihren ganzen Lebensplan umgeworfen' – wie die Hure selbst, die sich nach Enthüllung der Intrige zur treuen Ehefrau wandelt. Diese Frauen wollt ihr verurteilen, so in etwa sagt die Stimme Diderots, aber eine Ehefrau, die für die Beförderung ihres Mannes mit einem Minister ins Bett steigt, findet ihr ganz normal. Ohne Zweifel hat Diderot der Emanzipation ein literarisches Denkmal gesetzt – und dafür gebührt ihm ein Ehrenplatz unter den Philosophen. Nicht umsonst war übrigens Schiller von diesem ‚merkwürdigen Beispiel einer weiblichen Rache' so beeindruckt, daß er es selbst übersetzte zund in seiner „Thalia" publizierte. Der gesamte Roman erschien dann vier Jahre vor dem französischen Original auf deutsch."

„Wir wollen einmal dahingestellt sein lassen, ob die Emanzipation der Frauen ein solches Glück ist", frotzelte Onkel Curioso.

Obwohl die Gleichberechtigung von Mann und Frau für ihn eine Selbstverständlichkeit war, über die auf der prinzipiellen Ebene zu diskutieren er nur noch lächerlich gefunden hätte, hatte er seinen Spaß daran, Tante Sapientia gelegentlich mit derlei Machismo-Redensarten auf den Arm zu nehmen. Ich glaube, ihn reizte daran auch, daß er dabei stets auf einem recht schmalen Grat wanderte, da seine Frau diese Spielart des Humors nur in begrenztem Maße lustig fand.

„Aber sonst hast du recht", fuhr er fort. „Es sollte denjenigen, denen beim Namen Diderot nur die ‚Enzyklopädie' einfällt, zu denken geben, daß die deutschen Klassiker von diesem französischen Aufklärer und ‚Rationalisten‘ so fasziniert waren. Schließlich ist auch ‚Rameaus Neffe‘ lange vor der ersten französischen Ausgabe in Goethes Übersetzung erschienen, nachdem er über seine St. Petersburger Beziehungen an das Manuskript gekommen war.

Laßt mich aber noch ein letztes Mal auf unseren norwegischen Zeitgenossen und seine ‚Welt der Weisheit‘ zurückkommen: Wenn man einen Roman über die Geschichte der Philosophie in drei Sommermonaten schreibt, muß man schon mal alle fünfe gerade sein lassen. Viele Fachphilosophen mäkeln aber vor allem deswegen daran herum, weil sie den Autor um seinen Erfolg beneiden. Sauer aufgestoßen ist mir allerdings, daß Naturalismus und Atheismus recht stiefmütterlich behandelt werden. So wird etwa euer Landsmann La Mettrie in ein falsches Licht gerückt und unter Wert abgetan – hierin ganz unbesehen traditionellen philosophiehistorischen Vorurteilen folgend. Diesem wackeren ‚Ritter der Tafelrunde‘ Friedrichs des Großen fühle ich mich mancher Hinsicht verbunden, nicht zuletzt, weil sich sein Denken, wie eine verdienstvolle moderne Biographin sagt, ‚an der Nahtstelle von Literatur, Philosophie und Ästhetik‘ entfaltet. Allerdings verzichtet Gaarder wenigstens darauf, die üble Nachrede zu kolportieren, La Mettrie sei beim Genesungsfest eines von ihm geheilten Kranken infolge unmäßigen Verschlingens einer Pastete ‚in prahlerischer Zurschaustellung seiner Genußfähigkeit‘ zu Tode gekommen. Auch wenn wir in Wahrheit über die Ursache seines frühen Todes nur spekulieren können, gibt dies – nach dem Muster des Struwwelpeter – ein ‚erbauliches‘ Motiv ab, das sich Philosophiegeschichtler sonst nicht gerne entgehen lassen. Widersteht unser Autor auch der Versuchung, so die Schädlichkeit einer materialistischen Weltanschauung herauszustellen, so arbeitet er im übrigen mit der Methode des Totschweigens und übergeht etwa Schopenhauer und Feuerbach völlig. Trotzdem macht sein Buch einigen Spaß. Es gibt nicht viel vergleichbar Lockeres und doch im großen und ganzen Solides über die Geschichte der Philosophie."

„Was deine philosophischen Schriften angeht", bemerkte Michel lächelnd, „habe ich mich dagegen bisher gefragt, ob du in die richtige Zeit geboren wurdest, um damit Erfolg zu haben, oder ob es dir nicht gehen würde wie jenem Weisen, von dem der kluge Jesuit aus Aragon in seinem Handorakel spricht: ‚Ist dieses nicht sein Jahrhundert, so werden viele andere es sein.‘ Aber mit dem, was du jetzt hervorgebracht hast, ist das ganz was anderes. Man könnte dir dafür durchaus einen Ehrentitel nach Art unserer südlichen Nachbarn zuerkennen: ‚Curioso, El Ingenioso‘ oder – etwas schlichter – ‚el ingenioso Curioso‘."

„Muy chistoso", gab Onkel Curioso zurück, denn auch er verfügte über einige Kenntnis der Muttersprache von Baltasar Gracián und Cervantes.

„Jetzt aber Spaß beiseite", fuhr Michel lächelnd fort. „Weißt du übrigens, an was mich dein neues Buch noch erinnert? An Thomas Manns ‚Bekenntnisse des Hochstaplers Felix Krull‘. Da ist einmal das Motiv, ‚es den Leuten zeigen zu wollen‘. Zeigen zu wollen, daß man Heiteres schreiben und gleichzeitig die Probleme ansprechen kann, die den Autor immer umgetrieben haben. Dann ist da die Verwandtschaft zum Schelmenroman und das Stilmittel der fiktiven Autobiographie beziehungsweise Biographie. Und die Freude, die du an der Camouflage hast, ist ein unverkennbares Charakteristikum deines Buches."

„Auf was du so alles kommst, Michel", antwortete Onkel Curioso. „Jetzt fehlt nur noch, daß du mich als ‚philosophischen Hochstapler‘ titulierst! Aber es ist nett von dir, daß du mir in puncto relativer Unsterblichkeit einiges zutraust. Wahrscheinlich überschätzt du mich da eher. Wie sagt doch Unamuno so schön: ‚Der Himmel des Ruhms ist nicht sehr groß ... Die großen Namen der Vergangenheit nehmen uns dort den Platz weg.‘

Wenn du allerdings mit deiner Kurzzeitprognose recht hättest, wäre das auch ganz hübsch. Sollte ich nämlich erst in allzuferner Zukunft Leser finden, dann freuen sich höchstens die lachenden Erben."

„Apropos Leser. Da wird's jetzt noch mal ernst zwischen uns beiden. Wir brauchen noch einen vernünftigen Titel, nicht so einen langweiligen Bildungswurm, wie er dir da eingefallen ist, sondern einen richtigen Eyecatcher. ,Diogenes wusch seinen Kohl' – was hältst du denn davon? Das ist schön simpel, ironisch, und es macht neugierig."

„Geht nicht", gab Onkel Curioso zurück. „Viel zu anekdotenhaft. Hört sich an wie ,Als Schopenhauer ins Rutschen kam' oder ,Frühstück bei Sokrates'. Zugegeben, ich präsentiere einiges von dem Kohl, den die Philosophen im Lauf der Zeit angehäuft haben. Aber der Titel braucht ein bißchen was Aggressives, einen programmatischen Touch."

„Mir gefällt er auch nicht", mischte sich Tante Sapientia ein. „Schön wäre zum Beispiel ein Titel, in dem das traditionelle Motiv der komplementären literarischen Doppelfigur anklingt, so wie in ,Jacques le fataliste et son maître', oder aber irgendein Bezug auf die Reise und die Lebensreise. Wir sollten uns vielleicht von Heines Festellung inspirieren lassen, die Reisebeschreibung sei von jeher die natürlichste Form für die Dichtungsart des Romans, auch wenn Curiosos Buch nicht unbedingt in dieses Genre paßt."

„Ich sehe schon, wir müssen noch darüber schlafen", beendete Michel die Diskussion.

Bald darauf erinnerte er sich daran, daß Onkel Curioso auf Reisen immer eine Diskette mit dem gespeicherten Manuskript seines ersten Buches mit sich geführt hatte, solange es noch nicht gedruckt gewesen war. Wie jeder Mensch hatte eben auch Onkel Curioso seine ganz persönlichen Ängste und Alpträume. Er wurde immer wieder von der Vorstellung verfolgt, daß sein

Haus abbrennen, einer Gasexplosion zum Opfer fallen oder von einbrechenden Vandalen verwüstet werden könnte und seine ganze Arbeit durch eine solche Katastrophe vernichtet würde. Und er fand, daß es in der heutigen Zeit doch ein wenig überholt sei, nur ein einziges handschriftliches Exemplar eines Buches zu erzeugen und damit das Urteil des Schicksals herauszufordern, wie es noch Thomas Mann getan hatte, als er das einzige Manuskript seiner „Buddenbrooks" der Post anvertraute, um es an den Verleger Samuel Fischer zu schicken.

So war denn Michel nicht erfolglos, als er eines Abends die Bitte um eine Diskette mit dem aktuellen Manuskript des neuen Buches äußerte. Er wolle es an seinen Verlag in Paris schicken, damit man dort schon einmal den Übersetzer beauftragen und sich Gedanken über die Ausstattung und die Präsentation des Buches machen könne. „Wenn wir damit noch ins Herbstprogramm wollen, müssen wir uns beeilen", sagte er. „Und im Winter verschenken die Leute mehr Bücher, sind philosophischer gestimmt, bleiben mehr zuhause und lesen mehr, also wollen wir keine Zeit verlieren."

Am nächsten Morgen gab er Onkel Curioso und Tante Sapientia den Begleitbrief zu lesen. „Ja, das ist's", rief Onkel Curioso aus. „So heißt das Buch! Jetzt geht's mir wie einst Nietzsche, als er voller Neid auf Stendhals flott formuliertes Gottes-Paradox bekundete: ‚Er hat mir den besten Atheisten-Witz weggenommen, den gerade ich hätte machen können.'"

Der Tod bei Sens

Über Gefühl und Vernunft

Schließlich kam der Tag, an dem die Rückreise nach Paris angetreten werden mußte. Sie hielten in Sens, denn die dortige Kathedrale war eine der Lieblingskirchen von Onkel Curioso und Tante Sapientia, nicht nur wegen ihrer eindrucksvollen, farbenprächtigen Rosette, sondern weil sie auch hier schon während ihrer Hochzeitsreise gewesen waren.

Nach einem guten Mittagessen ging es durch eine Reihe kleiner Dörfer weiter auf der Nationalstraße Richtung Paris. Warum der Wagen plötzlich ins Schleudern geraten und gegen einen Baum geprallt war, konnte nie geklärt werden. War es ein sekundenlanges Einnicken in jener Phase nach dem Essen gewesen, in der man, falls es irgendwie geht, besser einen kurzen Mittagsschlaf hält? Oder ein Augenblick der Unaufmerksamkeit während einer angeregten Unterhaltung? Kurz vorher hatten die drei noch angehalten, weil Onkel Curioso ein Photo hatte machen wollen. Tante Sapientia hat es mir einmal gezeigt. Eine Wiese in flirrendem Sonnenlicht, eine Frau mit einem Sonnenschirm geht darin spazieren, ein Kind mit einer Puppe tollt herum, Gräser und Blumen stehen hoch, einige Pappeln im Hintergrund.

„Erinnert mich an ein Bild von Monet", hatte Onkel Curioso angesichts der Szenerie gesagt. „Auch wenn das Kind Shorts trägt und der Sonnenschirm die knalligen Regenbogenfarben heutiger Sonderangebote."

Onkel Curioso und Michel hatten nach diesem Stop – entspannter Stimmung wie sie waren – entgegen ihrer sonstigen Gewohnheit vergessen, ihren Sicherheitsgurt gleich wieder anzulegen.

Michel war sofort tot. Das Auto war mit der Fahrerseite mit voller Wucht gegen den Baum geprallt. Ein nachfolgender Fahrer hatte den Unfall beobachtet und über sein Handy den Notarzt gerufen, der nach wenigen Minuten zur Stelle war. Onkel Curioso hatte schwere Kopfverletzungen, aber er lebte und wurde mit dem Hubschrauber nach Paris geflogen. Tante Sapientia, die angeschnallt im Fond des Wagens gesessen hatte, war für einige Minuten bewußtlos gewesen, hatte jedoch – wie sich bald herausstellen sollte – lediglich eine Gehirnerschütterung erlitten. Das erste, an was sie sich später erinnern konnte, war der Lärm des startenden Hubschraubers – der Moment des Unfalls und die Minuten danach waren dagegen wie ausgelöscht.

Man brachte sie ins Krankenhaus nach Sens, aus dem sie schon nach einem Tag Beobachtung entlassen werden konnte. Verwandte von Michel holten sie ab und nahmen sie mit nach Paris.

Ich war, nachdem ich die Nachricht von dem Unfall erhalten hatte, sofort nach Paris gereist. So konnte ich Tante Sapientia begleiten, als sie noch am selben Tag Onkel Curioso besuchte, der auf der Intensivstation des Pitié-Salpêtrière-Hospitals lag.

Er wurde künstlich beatmet, trug einen Kopfverband, schien aber auf den ersten Blick nicht in hoffnungslosem Zustand zu sein. Die diensttuende Ärztin eröffnete uns jedoch, daß er hirntot sei.

Für Tante Klara brach eine Welt zusammen. Ihr Mann war stets so stabil gewesen. Sie hatte immer gedacht, daß sie vor ihm sterben würde. Und obwohl beide die philosophische Haltung der Abschiedlichkeit, das ‚Memento mori!‘ und ‚Carpe diem!‘, verinnerlicht und auch danach gelebt hatten, waren sie immer irgendwie überzeugt gewesen, daß ihnen ein Philemon-und-Baucis-Schicksal bevorstünde und sie im Alter lange Jahre miteinander auf dem noch aus der „Holzklasse" stammenden, kleinen alten Eisenbahnbänkchen unter der großen Eiche in ihrem Garten sitzen würden.

Die Ärztin fragte Tante Klara, ob sie mit einer Entnahme von Organen zu Transplantationszwecken aus dem Körper ihres

Mannes einverstanden sei. Wie wir später erfuhren, wollte man sich aus Gründen der Vertrauensbildung und weil es sich um einen Ausländer handelte, nicht darauf beschränken zu fragen, ob der Tote zu seinen Lebzeiten einer Organentnahme widersprochen habe. Nach französischem Recht wäre dies nämlich ausreichend gewesen, da es den Angehörigen kein Vetorecht einräumt, falls nicht ein Widerspruch des Toten selbst dokumentiert ist.

Für Tante Klara war diese Frage der Ärztin eher eine Hilfe in ihrer Trauer, denn nun sah sie die Möglichkeit, daß ihr Mann im Tod wenigstens noch anderen Menschen helfen konnte. Sie gab ihre Einwilligung, ohne zu zögern.

„Es wäre auf jeden Fall in seinem Sinne gewesen", sagte sie. „Wir beide trugen seit vielen Jahren Organspenderausweise bei uns. Er hatte kein Verständnis für diese neuerdings in Deutschland aufgekommene Mode, das naturwissenschaftliche Faktum des Hirntods zu zerreden. Wir waren uns immer einig in einer entschiedenen Abneigung gegen diesen undurchdachten, auf alle mögliche Art und Weise verbrämten Egoismus, der heute so verbreitet ist. Für eine Selbstverwirklichungs-Ideologie auf Kosten anderer hatte Thomas gar nichts übrig."

So verlor ich meinen Onkel, Freund und Lehrer. Zwei Menschen mußten nicht mehr länger dreimal in der Woche fünf Stunden an die Dialyse, und ein bettlägriger 40-jähriger Mann, der eine Herzmuskelentzündung gehabt hatte, konnte wieder arbeiten und Sport treiben und seine Rolle als Familienvater ausfüllen.

Onkel Curioso wurde im Familiengrab beigesetzt. Es ist eine jener Grabstätten, mit denen man früher als angesehener Bürger repräsentierte. Ein Dreiecksgiebel auf zwei rötlichen Marmorsäulen, die einst einen Kirchenaltar flankiert hatten, beschirmt eine überlebensgroße Christusstatue mit den Symbolen der Auferstehung. Weißer Marmor, eine Thorvaldsen-Kopie vom Anfang des 20. Jahrhunderts, solides Kunsthandwerk. Darunter auf dem Sockel der Statue die Namen der Verstorbenen.

Onkel Curioso hatte nicht zu den Menschen gehört, die die Umstände ihrer Bestattung für wichtig genug hielten, um hierzu detaillierte Wünsche niederzulegen. Er hatte auch nichts gegen die Vorstellung gehabt, daß man einmal diesen Ort für seine Beerdigung wählen würde. In der ihm eigenen Mischung aus Traditionssinn und Lust an der Provokation hatte er sogar einmal geäußert, es liege ein gewisser Charme darin, als erster Atheist in dieser von christlicher Symbolik geprägten Grabstätte begraben zu liegen.

„Nur daß sie mich posthum noch in irgendeiner Weise für die Religion vereinnahmen, das will ich nicht", hatte er zu Tante Sapientia gesagt. „Schließlich bin ich auch keine Karteileiche in irgendeiner Religionsgemeinschaft geblieben, sondern frühzeitig aus der Kirche ausgetreten, wie es die Ehrlichkeit gebot. Sonst könnt ihr mich unter die Erde bringen, wie ihr wollt, aber denkt daran, daß ich es mit Theodor Storms geschätzten Zeilen zu halten wünsche:

,Auch bleib' der Priester meinem Grabe fern;
Zwar sind es Worte, die der Wind verweht,
Doch will es sich nicht schicken, daß Protest
Gepredigt werde, dem, was ich gewesen,
Indes ich ruh' im Bann des ew'gen Schweigens.'"

Und natürlich wäre Tante Sapientia nie auf die Idee gekommen, sich über diesen eindeutigen Wunsch ihres verstorbenen Mannes hinwegzusetzen.

Georg Denk wurde eingeladen, um die Grabrede zu halten. Es war dies eine Aufgabe, die er recht häufig übernahm und die inzwischen wegen der steigenden Zahl kirchenferner und konfessionsloser Menschen auch nicht unbeträchtlich zu seinem Lebensunterhalt beitrug. Diesmal jedoch war es ein Freundschaftsdienst für Onkel Curioso, auch wenn die beiden zu Lebzeiten immer mehr Distanz gehalten hatten, als man es nach ihrer Übereinstimmung in vielen grundsätzlichen Fragen hätte vermuten können. Aber ihre Lebenskreise waren eben doch sehr verschieden gewesen.

Georg Denk traf in seiner Rede recht gut, was Onkel Curioso wichtig gewesen war und was er anderen Menschen bedeutete. Daß eine Rede über Onkel Curioso – so sie etwas taugen sollte – eine schwierige Gratwanderung erfordern würde, war mir schon vorher klar gewesen. Und nur einmal war Georg Denk dabei dem Absturz nah.

„Auch unser Freund Curioso", sagte er, „gehörte zu jenen Philosophen, die man so trefflich mit dem Maulwurf verglichen hat. Wenn man an dem aufgeschütteten Maulwurfshaufen nachgraben würde, würde man den Urheber dort nicht mehr finden. Vielleicht ist der Maulwurf gerade dabei, an ganz anderer Stelle einen neuen Hügel aufzuwerfen."

Nun, im Angesicht der Erdhügel des offenen Grabs klang das doch etwas makaber. Und noch dazu konnte ich nicht umhin, dabei an einen alten Mediziner-Spruch zu denken: „Ein Chirurg ohne Kenntnis der Anatomie ist wie ein Maulwurf. Er wühlt im Dunkeln, und das Werk seiner Tage sind Erdhügel." Immerhin hatte Onkel Curioso diesen Spruch gerne zum besten gegeben, wenn er wieder einmal die Bedeutung soliden Fachwissens betonen wollte. Auch sonst blieb das Lob, das ihm Georg Denk mit dem philosophischen Maulwurfsgleichnis zugedacht hatte, recht zwiespältig. So wichtig es war, daß Onkel Curioso sein Denken immer weiterentwickelt hatte und nie verknöchert war, so hatte ihm doch andererseits jene Flüchtigkeit ferngelegen, die man auch aus diesem Gleichnis lesen könnte: ‚Morgen bin ich schon wieder woanders … macht mich nicht verantwortlich, für das, was ich gestern sagte.‘ Man konnte sich bei ihm ebensosehr auf die Kontinuität vieler seiner Anschauungen verlassen wie auf die Bereitschaft zum Neuen. Er selbst hatte seine geistige

Originalität nie recht hoch eingestuft, sich vielmehr als philosophischen Kärrner verstanden, der den Sand beiseite schafft. In einem Gleichnis Einsteins hatte er eines seiner Lebensziele formuliert gefunden: In den Angelegenheiten tätiger Menschen, schreibt er da, genüge die einmalige Erkenntnis der Wahrheit nicht. Im Gegenteil, die Erkenntnis müsse beständig und unermüdlich erneuert werden, solle sie nicht verloren gehen. Sie gleiche darin einer Marmorstatue, die in der Wüste steht und ständig in Gefahr ist, vom Flugsand begraben zu werden. Fleißige Hände müßten sich unablässig rühren, damit der Marmor weiter in der Sonne schimmern könne.

Nach Georg Denks Rede hatte man Alfred Schnittkes Konzert „In memoriam …" über die Lautsprecheranlage abspielen wollen, eine Musik, die Onkel Curioso sehr geschätzt hatte und die er sicherlich einer der üblichen, elegisch dahintröpfelnden Trauermusiken vorgezogen hätte. Doch schon als sich die Trauergäste in der großen Friedhofshalle versammelten, der sogenannten „Aussegnungshalle", einem recht abweisenden, mit sparsamem Jugendstildekor geschmückten Raum, erlebten diejenigen, die meinten, über den geplanten Ablauf Bescheid zu wissen, eine Überraschung. Auf dem niedrigen Podium befand sich nämlich nicht nur das erwartete Rednerpult, sondern man hatte hier offensichtlich alles für das Konzert eines regelrechten Symphonieorchesters vorbereitet. Der französische und der deutsche Verlag von Onkel Curiosos Büchern hatten sich zusammengetan und ein sehr gutes Orchester eingeladen. Und so erklang Schnittkes Werk live und nicht als Konservenmusik. In dieser Umgebung und aus diesem Anlaß ging es einem noch mehr durch Mark und Bein als in einem Konzert üblicher Art.

Allerdings hatten sich die Verlage diesen Aufwand nicht ohne Hintergedanken geleistet. Der deutsche Verleger war – trotz echter Trauer über den Verlust Onkel Curiosos und Michels, den er ebenfalls gut gekannt hatte – geistesgegenwärtig genug gewesen, um sofort auch die Chancen zu sehen, die sich aus diesem Unglücksfall ergaben. Zwar war Onkel Curioso zu diesem Zeitpunkt wenig bekannt, doch hatte der Tod Michels beträchtliches Aufsehen erregt und bereits ein wenig Aufmerksamkeit auf den Autor gelenkt, der mit ihm zusammen ums Leben gekommen war. Deshalb setzte man nun alles daran, sowohl die deutsche als auch die französische Ausgabe von Onkel Curiosos Buch schnellstmöglich fertigzustellen. Man hatte es sogar geschafft, den maßgeblichen Redaktionen und Kritikern schon einige Auszüge aus dem Buch zukommen zu lassen, zusammen mit der Biographie der Verstorbenen.

Richtig hatte der Verleger kalkuliert, daß der hohe Aufwand aus Anlaß der Bestattungsfeier zeigen würde, welche Bedeutung die Verlage diesem Autor zumaßen. Er war sich der Tatsache nur allzugut bewußt, daß der Tod dem Werk von Schriftstellern, Malern oder Komponisten – zumindest kurz- und mittelfristig – oftmals nicht schadet, vielmehr sogar nützt, jedenfalls soweit ihr Oeuvre bei ihrem Dahinscheiden nicht gar zu klein und unbekannt ist. Die Leute lieben Spekulationen, was der Verstorbene wohl noch alles hervorgebracht hätte, wäre ihm nur ein längeres Leben vergönnt gewesen.

So waren also eine ganze Menge Presseleute erschienen. Sie benahmen sich erfreulich zurückhaltend. Nach der Feier in der Friedhofshalle, beim Gang zum Grab und am Grab selbst verzichteten sie ausnahmslos auf sichtbare Aktivitäten.

Tante Sapientia hatte darauf bestanden, daß der Sarg vor den Augen der Trauernden in die Erde hinabgelassen wurde und jeder die Gelegenheit erhielt, eine Schaufel voll Erde darauf zu werfen. Sie wollte eine anschauliche Abschiedssymbolik und empfand das Aufbahren von Särgen am Grab, die dann erst später von Friedhofsarbeitern unter die Erde gebracht werden, als eine absurde und peinliche Neuerung, weil dies der Versammlung der Trauergemeinde am offenen Grab viel von ihrem Sinn nehme, schon gar, wenn kein Priester seine rituellen Formeln murmele. Onkel Curioso hätte ihr ohne Zweifel beigepflichtet.

Schon im Umgang mit der Sprache war er ein Anhänger der Anschaulichkeit gewesen, deshalb hatte er auch den Dialekt seiner Heimat geliebt. Gelegentlich hatte er eine Episode aus seinen jungen Jahren erzählt, als er eine Zeitlang im Rheinland gearbeitet hatte. Anläßlich eines plötzlichen Todesfalls hatte er sich bei seinen Arbeitskollegen auf eine ihm ganz unverfänglich erscheinende Art nach dem Datum der Beerdigung erkundigt: „Wann wird er denn dann eigrab'n?" Mit dieser Frage war er auf eine höchst pikierte Reaktion gestoßen. Man hatte ihm vorgehalten, ein Mensch werde doch nicht eingegraben, ja verscharrt wie ein Tier, sondern bestattet, allenfalls noch beerdigt.

So wurde Onkel Curioso zu Füßen Jesu Christi unter die Erde gebracht. An der Wand des Grabbaldachins hinter der Christus-Statue verkündete ein aufgemaltes, geschwungenes Spruchband wie eh und je: „Ich bin die Auferstehung und das Leben." Dies war nur angemessen, denn die anderen hier bestatteten Toten hatten wohl alle daran geglaubt. Auf einer Steinplatte am Sockel hatte Tante Sapientia unter Onkel Curiosos Namen zwei Zeilen Theodor Storms anbringen lassen, mit denen er noch im Tod jene Distanz zu anderen Menschen hielt, die für ihn auch zu Lebzeiten – mit einigen wenigen Ausnahmen – charakteristisch gewesen war:

„Gefangen gab ich niemals die Vernunft,
Auch um die lockendste Verheißung nicht."

So sehr diese Zeilen auf ihn zutrafen – ich bin mir nicht sicher, ob Onkel Curioso ihre Anbringung am Grab gutgeheißen hätte. Er war zwar jederzeit bereit, Farbe zu bekennen, wenn er es der Mühe für wert hielt, aber er liebte auffällige, demonstrative Bekenntnisse nicht. Und er hätte vielleicht befürchtet, Theodor Storms Vers könne an dieser Stelle einen Eindruck von Überheblichkeit vermitteln. Tante Sapientia aber hatte, so zurückhaltend sie auch sonst war, entschieden daran festgehalten.

„Irgend etwas soll daran erinnern, daß dieses Grab mit seiner starken religiösen Symbolik jetzt eine ökumenische Stätte von Christen und Atheisten ist", sagte sie.

„Aber vielleicht wäre ein anderer Spruch doch besser geeignet, der nicht so diesen Anflug von eitler Selbstbespiegelung hat und Onkel Curioso nicht so entschieden in eine ganz bestimmte Ecke drängt", hatte ich versucht einzuwenden. „Wie wäre es zum Beispiel mit Wilhelm Buschs Satz ,Wer in Glaubenssachen den Verstand befragt, kriegt unchristliche Antworten'? Man könnte auch irgendeinen Satz von Onkel Curioso selbst suchen, der noch offener wäre für Interpretationen. In seinen Schriften findet sich bestimmt etwas in der Art wie jenes ,Der bestirnte Himmel über mir, und das moralische Gesetz in mir' aus dem letzten Abschnitt der ,Kritik der praktischen Vernunft', das man am Grabmal Kants in Königsberg eingemeißelt hat."

Tante Sapientia schien jedoch an der Emphase des Stormschen Verses zu hängen.

„Angenommen, dein Onkel bekäme noch mit, was auf seinem Grabstein steht: Er würde es ertragen, einmal mehr als arrogant zu gelten. Und Onkel Curioso ist ja auch nicht Kant. Ein Zitat von jemand anderem paßt gut zu seiner Art zu philosophieren. Schließlich war Schopenhauers Wort ,Die Vernunft ist weiblicher Natur: sie kann erst geben, nachdem sie empfangen hat' auch einer seiner Leitsätze."

Ich schwieg, denn ich mußte an eine Geschichte denken, die zwar Tante Sapientia recht gab, mir jedoch in diesem Augenblick fehl am Platz zu sein schien. Die Schopenhauersche Version des alten Gedankens war weiter ausgreifend und dem Leben zugewandter als das, was mir Onkel Curioso einmal erzählt hatte: „Schon die Philosophen der Antike haben erkannt, daß wir nur auf den Schultern früherer Denker einen weiteren Ausblick erlangen. So wird von Zenon berichtet, er habe das Orakel befragt, was er tun müsse, um sein Leben aufs beste zu gestalten. Worauf die Stimme des Gottes die Antwort erteilte, er müsse sich mit den Toten paaren. Er verstand dies richtig und verlegte sich auf das Studium der Alten."

Nach der Beerdigung war der engere Kreis der Trauergemeinde zu einem Essen in einem guten Restaurant eingeladen. Ich kam mit einem mir unbekannten Trauergast ins Gespräch.

„Leider kann nicht bei jeder Bestattung so ein Orchester spielen", sagte er. „Außerdem sind herkömmliche, weitgehend festgelegte Abläufe und Riten in der ersten Phase der Trauer sicherlich für viele Menschen eine Entlastung. Sie fügen noch den Skandal des Todes und den unwiederbringlichen Verlust eines geliebten Menschen in eine gewisse Ordnung ein und mildern nicht zuletzt die Erinnerung an die eigene Sterblichkeit. Die heutige Feier aber ist, so sehr wir den Verstorbenen auch vermissen, ein erfreuliches Beispiel dafür, daß man sich auf eine Art verabschieden kann, die zu dem verstorbenen Menschen paßt und zu dem Leben, das er geführt hat. Wir sollten überhaupt mehr Mut zu einer eigenständigen Gestaltung solcher Ereignisse aufbringen und mehr Interesse daran zeigen, auch wenn nicht jede Feier so gelingen wird wie diese."

So recht der Mann hatte, so waren dies für jemanden, der Onkel Curioso wirklich nahegestanden hatte, an diesem Tag doch schon fast unpassend rationale Bemerkungen. Es war nämlich keine jener Beerdigungen, bei denen man zwar trauert, aber gleichzeitig ermpfindet, der Tod sei zu seiner Zeit gekommen, wie dies bei alten Menschen der Fall ist, die ihre Lebensspanne ausgefüllt haben, und um so mehr, wenn sie bereits krank und gebrechlich und in ihren Aktivitäten, ihren Interessen und ihrer Lebensfreude stark eingeschränkt waren. Nein, es war eine jener Beerdigungen, die geradezu herzzerreißende Momente haben. So wie einige Jahre zuvor die eines anderen Onkels, Vater dreier kleiner Kinder, den infolge der ausgebliebenen Warnung eines nachlässigen Beamten unweit seines Hauses an einem defekten Bahnübergang ein Zug erfaßt hatte. Aus so mancher gefährlichen Situation bei der von ihm geliebten Bergsteigerei war er unbeschadet zurückgekehrt, um dann so ums Leben zu kommen. Ich werde nie den Moment vergessen, als ein Bergkamerad, dem er das Leben gerettet hatte, indem er den Schwerverletzten unter Aufbietung aller Kräfte aus den Bergen zurückgeschleppt hatte, ihm den Eispickel von damals mit ins Grab gab.

Onkel Curioso hätte die eigene Begräbnisfeier gefallen. Zwar wäre ihm die ganze Sache sicher ein wenig zu großartig gewesen, insbesondere die Verpflichtung eines richtigen Orchesters. Denn wenn die Rede auf etwas bombastische Beerdigungen kam, hatte er gern eine Maxime La Rochefoucaulds zitiert: „Der Pomp der Beerdigungen dient mehr der Eitelkeit der Lebenden als der Ehre der Toten." Und später einmal hörte ich ihn noch hinzufügen: „Wobei sich allerdings die Eitelkeit mancher Menschen über ihren Tod hinaus erstreckt."

Bei dieser Feier aber, die man ihm zu Ehren veranstaltet hatte, hätte er wohl einfach nur geschmunzelt und etwas ironisch gesagt: „Es war a scheene Leich." Unter einer „schönen Leichenfeier" versteht man hierzulande zwar üblicherweise eine mit großem Aufwand und einer zahlreichen Trauergemeinde, aber doch auch eine, die dem Toten entspricht, von dem es Abschied zu nehmen gilt.

Onkel Curioso hätte keine Beerdigung gewollt, bei der nur abgrundtiefe Trauer zelebriert worden wäre und nichts den Lebenden gegolten hätte.

„Man sollte spüren, daß der Tod zum Leben gehört und das Leben auch nach diesem Tod weitergeht, daß es auch dann noch weitergeht, wenn wir Menschen verlieren, die uns viel bedeutet haben", hatte er einmal bei einem anderen Begräbnis gesagt.

Für Feiern und Feste aus erfreulicheren Anlässen hatten Tante

Sapientia und er erst recht einiges übrig gehabt. Und sie hatten es stets verstanden, etwas daraus zu machen. Gern hatte Onkel Curioso Demokrit zitiert: „Ein Leben ohne Feste ist wie ein langer Weg ohne Einkehr."

Betrachtete man etwa die Art, wie die beiden Weihnachten feierten, so hatte man das Gefühl, daß sie eine lebendige Festkultur weiterführten. Es gelang ihnen, die Balance zu halten zwischen dem Beharren auf althergebrachten Formen, dem Bezug zur gesellschaftlichen und familiären Tradition einerseits und der Offenheit gegenüber dem Wandel und neuen Ideen andererseits. Da war keine verlogene christliche Staffage, aber auch keine Berührungsangst gegenüber Elementen aus der christlichen Festkultur. Und selbst wenn es nicht die noch etwas nähere Beziehung Tante Sapientias zur Religion gegeben hätte, wäre Onkel Curioso sicher niemals einer jener Antiklerikalen und besonders Aufgeklärten geworden, die sich am Weihnachtsabend treffen, um miteinander einen religionskritischen oder satirischen Film anzuschauen. Auch solchen Ideen, wie vor Weihnachten an einen Palmenstrand zu flüchten, hätte er nie etwas abgewinnen können. Dazu liebte er es viel zu sehr, Feste richtig zu feiern, besonders dieses Fest der Freude und des Lichts in der dunklen Zeit des Jahres.

All dies ging mir durch den Kopf, nachdem ich mir vorgestellt hatte, daß Onkel Curioso seine eigene Beerdigung als „a scheene Leich" kommentiert hätte. Ich sagte ja schon, daß er viel für die prägnante und plastische Ausdrucksweise des Dialekts seiner Heimat übrig hatte. Er spielte gerne damit. Und wenn er nicht gerade philosophische Diskussionen führte – aber manchmal selbst dann –, bemühte er sich gerade so viel um eine hochdeutsche Ausdrucksweise, daß ihn seine Gesprächspartner und Zuhörer noch verstehen konnten.

Onkel Curioso hatte gelegentlich mit einigem Vergnügen die Geschichte vom Sterbebett seines Großvaters erzählt. Der war ein tatkräftiger Kaufmann mit vielfältigen Interessen gewesen. Er hatte zu den Honoratioren alter Schule gehört. So speiste er noch alleine in seinem separaten Eßzimmer, während Frau und Kinder zusammen mit dem Gesinde einfachere Gerichte aufgetischt bekamen. Er war ein Pionier des Bergsteigens (es gibt noch herrliche Gipfelfotos von ihm mit Alpenstange und Krawatte) und ein Liebhaber des gerade aufkommenden Kinos. Bevor er nicht auf seinem abonnierten Sperrsitz im örtlichen Lichtspieltheater Platz genommen hatte, wurde mit der Vorstellung nicht begonnen. Am Wirtshaustisch konnte er höchst drastisch gegen die „Ultramontanen" wettern, was sich auf die Geistlichen vom Typus des Jesuiten und die Vertreter der bayerischen Volkspartei bezog. Als es nun ans Sterben ging, schlug man ihm vor, einen bestimmten Pfarrer aus der nächstgelegenen Kirche herbeizuholen, damit er die Beichte ablegen könne. Da brummte er voller Unwillen: „Den mog i net. I wuil an feina Herrn, grob bin i selber!"

Dieses Problem des geistlichen Sterbebeistands hätte sich allerdings nun, zwei Generationen später, bei Onkel Curioso selbst dann nicht mehr gestellt, wenn er in seinem Bett gestorben wäre und nicht auf einer französischen Landstraße. Ich konnte mich der Empfindung nicht erwehren, er habe noch die Orte für seinen Tod und seine Bestattung sehr passend „ausgewählt". Mochte dieser Gedanke auch noch so unsinnig sein: In Frankreich zu sterben und zuhause begraben zu werden paßte irgendwie zu jener Mischung aus Weltbürgertum und Heimatverbundenheit, die für ihn charakteristisch gewesen war.

Onkel Curioso hatte allerdings auch weniger amüsante Sterbebettgeschichten mit sich herumgetragen als die von vorhin. Im Alter von zehn Jahren hatte er erlebt, wie sein bester Freund an einer durchgebrochenen Blinddarmentzündung gestorben war. Das war – vor allem bei Kindern – keine seltene Todesursache in dieser Zeit, als die Entwicklung der Antibiotika noch in der Zukunft lag. Gegen den Willen der Mutter hatte man einen Priester an das Krankenbett dieses achtjährigen Buben gerufen, dem erst daraufhin schlagartig klar wurde, daß er sterben würde.

„… unser Bett von Ärzten und Priestern umlagert, kurzum lauter Schrecken und Grausen rund um uns her" – als Onkel Curioso dies später bei Montaigne las, trat ihm das Ereignis aus seiner Kindheit vor Augen, als habe er es gestern erlebt. Die Mutter des Buben hatte es der Kirche nie verziehen, und auch in Onkel Curioso war damals der erste Zweifel daran erwacht, daß es den Menschen mit der Religion besser gehe.

Allerdings konnte Onkel Curioso auch den pseudoreligiösen Trostsprüchen der Naturalisten wenig abgewinnen. Manchmal las er mir aus einem jener Fundstücke vor, die er von seinen gelegentlichen Streifzügen durch die Antiquariate nach Hause brachte (und die sich heute, wie seine ganze Bibliothek, erfreulicherweise in meinem Besitz befinden). Darunter war eines Tages auch ein Büchlein des Chemikers und Monistenführers Wilhelm Ostwald, in dem dieser Anfang des 20. Jahrhunderts den friedvollen Lebensabschluß des Monisten preist, der an ein Leben nach dem Tode nicht glaube und dem so auch die Angst vor ewigen Höllenstrafen erspart bleibe.

„Hör dir an, lieber Neffe, was da so ein naturwissenschaftlich geprägter Prediger schreibt: ‚So wirkt der Gedanke, nur ein Tropfen am Mühlrade des Lebens zu sein, der bestimmt ist, nach vollbrachtem Umlauf einzutauchen in die Flut der Ununterschiedenen, nichts weniger als trostlos und niederdrückend, sondern vielmehr klärend und beruhigend auf ihn, wie die Aussicht auf einen tiefen und traumlosen Schlaf am Abend eines langen, reich mit Leid, Arbeit und Glück erfüllt gewesenen Tages.' Als ob man die Unfaßbarkeit unseres Todes, den Affront, der in der Sterblichkeit von uns Menschen – unserer eigenen Sterblichkeit – liegt, mit derart ‚weisen' Worten hinwegvernünfteln könnte."

„Ja, du hast recht", sagte ich. „Und ganz besonders der Metapher vom ‚vollbrachten Umlauf' haftet etwas von einer verlogenen Idylle an – als ob wir alle jenseits der neunzig sterben würden und als ob in der Vernichtung unserer Individualität nicht auch noch dann eine skandalöse Zumutung läge, wenn es so wäre."

Das Vermächtnis

Sapientia und das liebe Geld

So kam es, daß Tante Sapientia allein in ihr Haus zurückkehrte. Ich nannte sie weiter bei diesem Namen, und wenn die Rede auf ihren Mann kam, sprachen wir beide in aller Regel von Onkel Curioso. Auch die besten Freunde, die an diese Namen gewöhnt waren, behielten sie bei. Offensichtlich waren sich alle stillschweigend darüber einig, daß dies eine Form des Gedenkens sei.

Onkel Curiosos Buch erschien posthum und wurde ein großer Erfolg. Michel hätte sich darüber gefreut, daß er wieder einmal den richtigen Riecher gehabt hatte. Dies galt in doppeltem Sinne, denn selbst Onkel Curiosos erstes, schwerer verdauliches Buch verkaufte sich plötzlich ganz ordentlich. Die Leute wollten einfach mehr von diesem Autor lesen, auch wenn es etwas mühsam war und so mancher es bei einigen Leseproben beließ.

Der plötzliche, gewaltsame Tod des Autors förderte das Interesse der Leser noch. Die Leute konnten sich jetzt nicht nur fragen, was er vielleicht in späteren Jahren noch geschrieben hätte, sondern auch ungeniert Vermutungen darüber anstellen, was er zu diesem oder jenem Thema gesagt oder auf diesen oder jenen Einwand geantwortet hätte. Obendrein boten sich nun vielfältige Möglichkeiten zur Erzeugung von Sekundärliteratur und zur Beförderung akademischer Karrieren. Manche neigten sogar dazu, aus Onkel Curioso geradezu eine Art philosophischen John F. Kennedy zu machen, eine vermeintliche Lichtgestalt, die – wäre ihr nur ein längeres Wirken vergönnt gewesen – in diesem Fall zwar nicht den Verlauf der jüngeren Weltgeschichte, aber doch die unzulängliche Rolle der zeitgenössischen Philosophie entscheidend umgeschrieben hätte.

Solche Überlegungen lagen Tante Sapientia fern. Aber oft genug war es ihr, als höre sie in ihrem Inneren die Kommentare (und die Späße), die ihr Mann in einer bestimmten Situation von sich gegeben hätte.

Sie machte sich auch so ihre Gedanken über jenen ganz eigenen Traditionsstrang der Philosophie, in den sich Onkel Curioso kurz vor seinem Tod eingereiht hatte, nämlich ihre Darstellung in literarischer Form.

„Hätte er nicht diese Geschichte geschrieben, zu der ich anfangs nicht viel Zutrauen hatte", sagte sie zu mir, „wäre er vielleicht nie in nennenswertem Umfang wahrgenommen worden. Es wäre schade gewesen um seine Arbeit, auch wenn er selbst in hohem Maße den Weg als Ziel betrachtete und ihn deshalb die Tatsache nicht sonderlich beeindruckte, daß kaum jemand sein erstes Buch las und es vielleicht nach seinem Tod bald vergessen sein würde.

Es ist interessant, wie sich mit den Zeiten auch die Gründe ändern, die einen Philosophen veranlassen, sich in literarischer Form auszudrücken. Natürlich ist da heute wie früher der spielerische und unterhaltsame Aspekt. Immer wieder taucht auch das Motiv auf, Verhaltensweisen und Anschauungen der eigenen Gesellschaft aus der Distanz zu betrachten, Abstand zu gewinnen, das allzu Selbstverständliche zu relativieren. So führte schon Montesquieu seine persischen Reisenden nach Paris und ließ sie ihre Briefe schreiben. Und fünf Jahre später erschien das Meisterwerk dieses Genres: Jonathan Swifts so oft zum harmlosen Kinderbuch bereinigte Reisen des Lemuel Gulliver, in denen auf satirisch-tiefsinnige Weise die Blickwinkel wechseln. Wir sehen die Welt nicht nur mit Gullivers eigenen Augen. Da ist beispielsweise auch der Herrscher des fernen Riesenlandes Brobdingnag, der in seiner ‚provinziellen Einfalt' und moralischen Geradlinigkeit die Berichte über die inhumanen Zustände und Kalküle unter den Menschen – und jeglichen Vorschlag ihnen darin nachzueifern – gänzlich konsterniert und voller Abscheu zur Kenntnis nimmt. Bei uns wird dieser Traditionsstrang der Außenperspektive zu Anfang des letzten Jahrhunderts wieder aufgenommen in Paasches ‚Forschungsreise des Afrikaners Lukanga Mukara ins innerste Deutschland‘ und der davon abgekupferten, verharmlosenden, aber ungleich erfolgreicheren, ja in den siebziger und achtziger Jahren geradezu zum Kultbuch gewordenen Südseehäuptlingsgeschichte ‚Papalagi‘.

Und in gewissem Sinne scheinen auch Curiosos Protagonisten einer anderen Welt zu entstammen, setzen sie sich doch – ganz im Gegensatz zum etwas feuilletonistischen Äußeren der Geschichte – in ziemlich unzeitgemäß gewordener Strenge mit philosophischen Fragen auseinander, die zum Teil als hoffnungslos altmodisch gelten. So ist man heute geneigt, Gläubigen und Atheisten ihre jeweils eigene ‚Wahrheit‘ zuzubilligen. Als ob sich so diese alten Probleme der Philosophie unter den Teppich kehren ließen. Dabei kann man sich einer Stellungnahme zu solchen Fragen immer nur in theoretischer Hinsicht entziehen, nicht aber in praktischer.

Das bringt mich noch auf einen anderen Gesichtspunkt: Früher war die literarische Form auch eine Art Versteckspiel der Philosophen. Sie konnten auf diese Weise Ansichten äußern, die als klare persönliche Meinungsäußerung nicht hätten gedruckt werden können oder ihren Autor ins Unglück gestürzt hätten. Kritische Köpfe konnten sich mit dieser Darstellungsweise ein wenig aus der Schußlinie bringen.

Heute hat sich die Motivation gewandelt: Wo der aufklärerische Klartext dem Zeitgeschmack allzu selbstverständlich und langweilig oder aber in unangenehmer Weise konfliktträchtig erscheint, ist der Philosoph in einer kommerzialisierten und unterhaltungsorientierten Kulturlandschaft aus nun anderen Gründen wieder auf die literarische Form angewiesen, um überhaupt die Menschen in größerer Zahl zu erreichen. Allzusehr wundern müssen wir uns über solche Strömungen nicht. Sagte doch schon Fontenelle, der in seiner beinahe hundertjährigen Lebensspanne am Übergang vom Barock zur Aufklärung wahrlich einen Eindruck vom Wandel der Zeiten gewinnen konnte: ‚Alles ist dem Wechsel der Mode unterworfen. Die Erzeugnisse des Geistes sind dem Schicksal der Kleider nicht enthoben.‘"

Der wirkliche Wohlstand, von dem Onkel Curioso geträumt hatte, fiel nun also Tante Sapientia alleine zu, nach einiger Zeit konnte man sogar von Reichtum sprechen. Wie gerne hätte sie mit ihm zusammen etwas mehr daraus gemacht, als den Neid der anderen anzustacheln.

Angesichts gewisser Schicki-Micki-Leute hatte sich Onkel Curioso früher hin und wieder einer Formulierung von Richard Rorty bedient, die ihm gut gefiel: „Wieder einmal Leute, denen nichts besseres einfällt, als den ‚Narzismus der kleinen Differenz‘ zu zelebrieren."

Aber er hatte andererseits nicht viel für Vermögensverschenker a là Wittgenstein übrig, die sich mit ihrem extremen Projekt von Philosophie religiösen Mystikern und Asketen nähern. Da hielt er es mehr mit Seneca: „Die Liebe des Weisen gehört nicht dem Reichtum, doch er gibt ihm vor der Armut den Vorrang; nicht in seine Seele läßt er ihn ein, doch in sein Haus; er wirft ihn nicht weg, wenn er ihn hat, sondern hält ihn zusammen und sieht es nicht ungern, wenn ihm für die Betätigung der Tugend größere Mittel zur Verfügung stehen."

Der plötzliche Geldsegen traf Tante Sapientia nicht unvorbereitet, und sie machte – trotz ihrer Trauer und jener immer wiederkehrenden, niederdrückenden Momente bodenloser Einsamkeit – das Beste und manches durchaus Ungewöhnliche daraus.

Sie spendete auf wohlüberlegte Weise eine Menge Geld für alle möglichen wohltätigen und gemeinnützigen Zwecke. „Indem ich die Spenden ein wenig verteile", sagte sie, „habe ich bessere

Aussichten, insgesamt etwas Gutes zu bewirken, auch wenn sicher die eine oder andere dieser Personen und Organisationen nicht so seriös ist, wie es mir scheint. Es ist so ähnlich wie bei der Vermögensanlage: Streuung ist sicherer."

Außerdem erwarb sie eine Reihe von Originalen zeitgenössischer Künstler, um ihr Haus damit auszustatten. Dies war auch einer der unerfüllten Wünsche Onkel Curiosos gewesen, das Geld hatte früher nie dafür gereicht.

„Anerkannte, exemplarische Kunstwerke gehören in einen Rahmen, in dem sie der Öffentlichkeit zugänglich sind", sagte Tante Sapientia einmal zu mir. „Selbst wenn jemand das Geld hat, um die meist exorbitanten Preise zu bezahlen, die dafür verlangt werden, so ist der Erwerb nur zu rechtfertigen, wenn man solche Werke dann wenigstens in irgendeiner Weise – und sei es als Dauerleihgabe an ein Museum – einer großen Zahl anderer Menschen zugänglich macht. Aber daß ich mir jetzt für mein Haus einige erschwingliche Originale kaufen kann, statt mir nur Kunstdrucke an die Wand zu hängen, ist mir eine große Freude. Kunstwerke werden ja in der Regel auch nicht fürs Museum geschaffen."

Einerseits fand sie, daß bei wirklichem Reichtum schnell die Grenze erreicht sei, ab der man bei einem auch nur halbwegs vernünftigen Lebenswandel sein Geld gar nicht mehr ausgeben könne und das Streben nach mehr nur noch für Leute interessant sei, die damit Macht ausüben wollten. Andererseits aber übertrieb sie es nicht mit dem Verschenken. Sie erlag jedenfalls nicht dem Helfer-Syndrom und dachte auch an sich selbst. Obwohl sie nicht mehr die Jüngste war, baute sie sich noch ein Schwimmbad in ihrem Haus.

„In unseren Breiten herrscht mehrere Monate im Jahr schlechtes Wetter, und ich möchte auch während dieser Zeit etwas Gesundes und Angenehmes für meinen Körper tun. Du weißt ja, daß Curioso zwar Maßhalten für eine philosophische Tugend hielt, jedoch dem Asketentum allenfalls einen gewissen appellativen Wert zubilligte und wir nie die Absicht hatten, selbst so einen Weg zu gehen. Er hielt viel von Camus' Satz ‚Man muß sich für die Leidenden einsetzen, aber wenn man aufhört, außerdem noch etwas zu lieben, wofür setzt man sich dann ein?' Außerdem: Gerade jetzt, wo ich älter werde, tut mir das regelmäßige Schwimmen gut. Und wenn man sich nichts Neues mehr zutraut und nichts mehr anpackt und meint, es rentiere sich alles sowieso nicht mehr – erst dann ist man richtig alt."

Nachdem sie also auch sich selbst die eine oder andere Freude gemacht hatte, suchte Tante Sapientia nach einem neuen Betätigungsfeld für das, was sie privatim „meine guten Taten in memoriam" nannte. Ihr schwebte eine Initiative vor, bei der nicht nur ihr Geld gefragt wäre, sondern auch ihr persönliches Engagement.

Sie las gerade Maurice Jolys Streit in der Hölle zwischen Machiavelli und Montesquieu, diese herrliche literarisch-politische Analyse des Verhältnisses von Macht und Recht, Despotismus und Liberalismus. Hierdurch wurde sie daran erinnert, daß Onkel Curioso an der Politik gelitten und bedauert hatte, daß er nicht die persönlichen Fähigkeiten besaß, um auf diesem Feld etwas Gutes zu bewirken.

Oft hatte er davon gesprochen, wie verderblich es für die Republik sei, wenn es in der Politik immer weniger Leute mit Rückgrat gebe. Er verfolgte mit großem Mißfallen, daß zusehends Politiker in Spitzenpositionen aufrückten, die ihre politische Karriere von der Schulbank weg geplant und konsequent verfolgt und dabei ihr Fähnchen immer nach dem Wind gehängt hatten, zuerst einmal, um nach oben zu kommen, und dann – oben angelangt –, um Posten, Pfründe und Macht zu behalten.

Onkel Curioso hatte als junger Mann selbst einige Erfahrungen in der Politik gemacht. Eine Zeitlang hatte er geglaubt, er sei aufgrund der Tatsache, daß er in eine ihm relativ wohlgesonnene

Welt hineingeboren worden war, zu politischer Aktivität verpflichtet. Schließlich war ihm als intelligentem Kind aus dem oberen Mittelstand in einem wohlhabenden und friedlichen Land vieles relativ leicht zugefallen, was andere nie erreichen können oder worum sie erst hart kämpfen müssen. So etwa eine gute Bildung und Ausbildung sowie ein kleines eigenes Vermögen schon während der Studentenzeit, das es ihm zum Beispiel ermöglichte, ohne Zusatzjobs auszukommen und interessante Reisen zu unternehmen, wie man sie in dieser Form und mit dieser langen Dauer in späteren Lebensphasen kaum noch durchführen kann.

Allerdings war er bei seinen politischen Aktivitäten bald ziemlich desillusioniert worden. In der Studentenvertretung hatten ihn die vielen pseudodemokratischen Diskussionen um des Kaisers Bart genervt. Vor lauter Geschäftsordnungsfragen war oft kaum Zeit für produktive Arbeit geblieben, oder der Zeitaufwand hatte in einem groben Mißverhältnis zum erreichten Ergebnis gestanden. Und bei seinem parteipolitischen Engagement hatte er bald festgestellt, daß schon in den unteren Parteigliederungen wirklich sachbezogene Diskussionen und von der offiziellen Parteilinie abweichende Meinungen nicht sonderlich geschätzt wurden. Zudem wollte man sich hier kaum eingehender mit politischen Fragen von mehr als lokaler Bedeutung beschäftigen.

Und dann gab es da noch verschiedene unangenehme Begleiterscheinungen der Politik von der Pike auf, mit denen er sich nicht abfinden konnte. Etwa damit, daß die Versammlungen in aller Regel in Gasthäusern mit oft rauchgeschwängerter Luft stattfanden, so daß man seine Kleidung danach einige Tage auf den Balkon hängen mußte. Oder damit, daß so viele politische Veranstaltungen am Sonntag und gar am Sonntagmorgen stattfanden, wenn er endlich einmal ausschlafen und dann mit Tante Sapientia gemütlich frühstücken wollte. Die vielen Leute, die nur sich selbst reden hören wollten, waren schon zu anderen Tageszeiten schwer genug zu ertragen.

Die Hauptprobleme bei seinem politischen Engagement lagen allerdings woanders. Onkel Curioso verfügte über einen breiten Fundus abweichender Meinungen, die kaum mehrheitsfähig waren. So konnte er sich mit keiner Partei auf Dauer anfreunden. In Anbetracht der zunehmenden Unfähigkeit der Politiker zu wohlüberlegten Reformen und sachlich angemessenen Lösungen kam es später sogar immer öfter vor, daß er nur zur Wahl ging, um leere Stimmzettel abzugeben.

„Ich gehe wählen, um meine Unterstützung für die Demokratie zu bekunden", sagte er. „Aber von diesen Parteien will ich keine wählen."

Ich wandte ein, daß die Willensbildung in einer Demokratie doch irgendwie stattfinden müsse. Hierfür seien die Parteien unentbehrlich, und auch bei noch so vielen ungültigen Stimmen falle irgendwie eine Entscheidung für eine der Parteien oder eine Koalition bestimmter Parteien. Und im allgemeinen habe man doch wenigstens noch eine diskrete Präferenz für eines der Lager. Er sagte nur: „Derzeit stehe ich allen so gleichermaßen fern und so wenig nah, daß ich mich da nicht entscheiden will. Und wenn die Fraktion der leeren Stimmzettel groß genug würde, müßte dies bei den etablierten Parteien doch wohl ein gewisses Nachdenken darüber auslösen, was die Bürger eigentlich von ihnen halten."

Welche Standpunkte waren es nun, die Onkel Curioso einen Platz zwischen allen Stühlen anwiesen? Es begann schon damit, daß er für eine strikte Trennung von Staat und Kirche plädierte.

„Die sollen doch die Ausbildung ihrer Priester selbst bezahlen! Mit welchem Recht zieht der Staat die Mitgliedsbeiträge bestimmter religiöser Vereinigungen als Steuer ein? Wieso identifiziert er sich durch Schulgebete und ähnliches mit einer bestimmten Religion? Ich halte es da mit Camus' Lehrer, der einmal so schön an seinen ehemaligen Schüler schrieb: ‚Ebenso beschränkte ich mich beim Thema Religion darauf, die anzugeben, die es gab, und denen angehörte, wem es gefiel. Ehrlich gesagt, fügte ich hinzu, daß es Menschen gab, die keine Religion ausübten. Ich weiß, das mißfällt jenen, die aus den Lehrern Handelsvertreter für Religion machen möchten …‘"

Allein dieser eine Punkt reichte schon, um Onkel Curioso in den – jedenfalls namenschristlichen – konservativen Parteien unmöglich zu machen.

Er war aber auch ein entschiedener Gegner irrationaler Risikobewertungen und hatte zum Beispiel gar nichts dafür über, bei der Beseitigung von Umweltrisiken Geld zum Fenster hinauszuwerfen, indem man lieber die psychologisch eindrucksvollen als die tatsächlich bedeutsamen Gefahren bekämpft.

Daß Atomenergie und Gentechnologie Teufelszeug sein sollten, das auf jeden Fall nach geschlossener Ablehnung verlange, konnte er nicht nachvollziehen. Er ließ da an Deutlichkeit nichts zu wünschen übrig: „Mit ihrer vereinfachenden, moralisierenden Schwarzweißmalerei, ihrem festgefahrenen Dogmatismus, der manchmal schon geradezu religiöse Züge annimmt, stehen viele ‚grüne‘ Aktivisten einer Bewältigung der tatsächlich immer bedrohlicher werdenden Umweltprobleme eher im Weg, als daß sie dabei helfen würden."

Also war Onkel Curioso auch in den Öko-Parteien nicht am richtigen Platz.

Für Sozialromantik konnte er sich ebenfalls nicht begeistern. Er war sich darüber klar, daß die Leute soziale Sicherungssysteme mißbrauchen, ja teilweise schamlos ausnützen, wenn man es ihnen ermöglicht, und daß finanzielle Druckmittel notwendig sind, um den natürlichen Schwächen der Menschen entgegenzuwirken.

Er betonte den zutiefst inhumanen Aspekt der unnötigen und unverantwortlichen Bürokratievermehrung, die sich auch in manchen demokratischen Staaten, so dem unseren, trotz aller gegenteiligen Sonntagsreden seuchenartig ausbreitet: „Man stiehlt den Menschen wertvolle Lebenszeit, die sie für etwas Sinnvolles verwenden könnten", sagte er. „Der Staat muß vernünftige Rahmenbedingungen setzen und die Menschen durch Anreize zum gewünschten Verhalten animieren, nicht aber ihr Leben mit zu detaillierten Vorschriften überziehen, wie wir dies heutzutage immer mehr erleben, nicht zuletzt weil Probleme durch faule politische Kompromisse ‚gelöst' werden."

In einer sozialistischen oder einer der üblichen sozialdemokratischen Parteien konnte Onkel Curioso also auch keinen Blumentopf gewinnen.

Hinzu kam sein „eigenartiges" Diskussionsverhalten. Er nahm nämlich die Argumente seiner Diskussionspartner ernst und wollte nicht bloß bei irgendwelchen Zuhörern gut dastehen und diese mit allen Mitteln auf seine Seite ziehen. So war er denn auch imstande, seine Meinung zu einem Problem durch Argumente der Gegenseite während oder nach einer Diskussion zu ändern und in Zukunft eine neue Position zu vertreten. Er konnte sich nicht davon lösen, die aus philosophischen Gesprächen gewohnte Suche nach der bestmöglichen Annäherung an die Wahrheit analog auf politische Diskussionen zu übertragen.

Dies stempelte ihn vollends zum unsicheren Kantonisten. Gerne zitierte er einen Satz von Montaigne: „Ich weiß mich nicht so tief und rückhaltlos einer Sache hinzugeben. Wenn mich mein Wille zu einer Partei stoßen läßt, dann nicht mit einer so leidenschaftlichen Ergebenheit, daß meine Urteilskraft davon geblendet würde."

Deshalb kam man bei seinen Versuchen, sich parteipolitisch zu engagieren, schon in den untersten Parteigliederungen rasch zu der Auffassung, daß mit einem derart wankelmütigen und unberechenbaren Menschen politisch nicht viel anzufangen sei.

Nach einiger Zeit schloß er sich dann selbst der Meinung an, daß er nicht zum Politiker geboren sei und sagte: „Solange die Verhältnisse nicht zu schlimm werden und nicht etwa eine Diktatur droht, liegt die Aufgabe von Leuten wie mir nicht im parteipolitischen Engagement. Ich muß mich auf das konzentrieren, was ich besser kann: nachdenken und vordenken und Bücher schreiben und den Menschen in meiner unmittelbaren Umgebung ein einigermaßen erfreulicher Zeitgenosse sein. Ein wenig mehr als Candides ‚Il faut cultiver notre jardin‘, aber auch nicht so sehr viel mehr."

Oft glich Onkel Curioso jenem Straton aus Fontenelles Elysium, der, als es darum ging, wer an einem bestimmten Tage als erster das Aufgehen der Sonne beobachten würde, seinen Sklaven anwies, nicht wie alle anderen nach Osten, sondern vielmehr nach Westen zu schauen. Weshalb man ihn einen Narren hieß, bis jener Sklave die ersten Strahlen der Sonne an der Spitze eines hochaufragenden Turmes erblickte. Daraufhin wählte man Straton zum König von Tyrus. Nun, in unseren Zeiten war man nicht mehr geneigt, Onkel Curioso für ungewöhnliche Voraussicht politische Verantwortung anzutragen.

Er hatte auch keine Freude an der Macht und ihren Insignien. Macht war ihm kein Selbstzweck, und damit entfiel eine ganz wesentliche Belohnung für die unbezweifelbaren Entbehrungen und Zumutungen eines Politikerlebens. Entbehrungen, die er insbesondere darin sah, zu wenig Zeit zum Lesen und zum Nachdenken oder aber für das Leben mit der Familie zu haben. Gustav Heinemanns Satz „Ich liebe nicht den Staat, ich liebe meine Frau" war ihm aus dem Herzen gesprochen. Und als Zumutung erschien ihm vor allem, sich ständig in die Öffentlichkeit gezerrt zu sehen, dauernd die politische Wirkung seines Verhaltens und seiner Äußerungen bedenken zu müssen und den Umgang mit anderen Menschen mehr von deren politischer Bedeutung als von Sympathie und echtem persönlichen Interesse abhängig machen zu müssen.

Onkel Curioso war zudem ganz entschieden der Ansicht, daß die Notwendigkeit, seine Macht zu erhalten, dem Politiker zwar das Recht zu gewissen Kompromissen gebe, ihm aber keinen moralischen Sonderstatus verschaffe. Einer der Sätze, die er Hegel am meisten übelnahm, war der, wo er so nonchalant über das „welthistorische Individuum" sagt: „Aber solche große Gestalt muß manche unschuldige Blume zertreten, manches zertrümmern auf ihrem Wege." „Damit", schimpfte Onkel Curioso, „werden nicht etwa jene besonderen, folgenschweren moralischen Konflikte, in die der Mächtige immer wieder gerät, mit dem gebührenden Bedauern konstatiert, nein, damit kann man alles rechtfertigen. Diese ‚heimliche Liebe für die genialen Gewaltmenschen', die Jolys Machiavelli bei den Völkern konstatiert, ist eines Philosophen unwürdig. Ohne Zweifel war zum Beispiel auch unser Anstreicher ein ‚welthistorisches Individuum'. Allerdings fehlte ihm ein Hegel, der ihn als solches eingestuft und ihm somit eine Blanko-Absolution erteilt hätte."

Onkel Curiosos Leiden an der Politik war also nicht nur eine Folge charakterlicher Schwächen oder Eigenheiten seinerseits, sondern es traten darin unbestreitbar einige wesentliche Probleme zutage. Er wünschte sich Politik als eine sachliche Suche nach besseren Lösungen. „Wo immer sie dieses Ziel wenigstens anstrebt und ein wenig mehr erreicht, können sich die Menschen glücklich schätzen", sagte er und hielt es unbeirrbar mit Friedrich Dürrenmatts Satz: „Man darf nie aufhören, sich die Welt vorzustellen, wie sie am vernünftigsten wäre."

Obwohl er kein Politiker werden konnte und wollte, war Onkel Curioso also alles andere als ein unpolitischer Mensch. Mit dem üblichen Stammtischgerede von der Politik als schmutzigem Geschäft, jenem trivial gewordenen „politisch Lied, ein garstig Lied", hatte er nichts am Hut. Es war ihm sehr genau bewußt, daß es in der Politik darauf ankam, unter Zeitdruck und Entscheidungszwang innerhalb bestimmter Machtkonstellationen das Bestmögliche zu erreichen und daß dies etwas ganz anderes war als die intellektuelle Durchdringung und theoretische Lösung von Problemen.

Was nun die politischen Skandale angeht, bei denen das Fehlverhalten mancher Politiker zu Tage tritt, sei es nun, daß sie sich persönlich bereichern oder aber im Interesse ihrer Parteien über Gesetze hinwegsetzen, so schwankte Onkel Curioso – wie wohl die meisten von uns – zwischen heftiger Empörung über die Chuzpe der Protagonisten und einem gewissen Fatalismus der Art: „Das hat es schon immer gegeben und wird es immer geben."

Als das Ansehen des Kanzlers der deutschen Wiedervereinigung nicht lange nach dem Verlust seiner Regierungsmacht durch eine Parteispendenaffäre beschädigt wurde, fiel mir wieder ein, was Onkel Curioso bei früherer ähnlicher Gelegenheit erzählt hatte: „Schon einer der sieben Weisen des alten Griechenlands, der athenische Staatsmann Solon, war sich völlig im klaren darüber, wie die Dinge laufen. ‚Die Gesetze‘, so sagte er, ‚sind wie Spinnengewebe; denn fällt etwas Leichtes und Schwaches hinein, so wird es festgehalten, wenn aber etwas Größeres, dann schlägt es durch und kommt heil davon.‘" Auch für den Hünen aus der Pfalz würde dies am Ende wohl wieder gelten.

Solange das alles nur Randerscheinungen einer leidlich funktionierenden Demokratie seien, müsse man sich, trotz des schlechten Beispiels für die Bürger, nicht zu lange damit aufhalten, meinte Onkel Curioso. Manchmal aber träumte er vom Leviathan, diesem der Bibel entlehnten übermächtigen Wesen, das Hobbes als Personifikation des Staates wählte. In seinen Träumen aber wollte die Riesengestalt nicht so beruhigend erscheinen wie auf dem Frontispiz des Buches von Hobbes.

Zwar sah auch er sie zusammengesetzt aus einer Menge kleiner Menschlein. Nur war es nicht mehr die bei Hobbes abgebildete Ansammlung von Hutträgern, die aussahen, als strebten sie zu einer Messe in die Kirche. Der Leviathan in Onkel Curiosos Träumen bestand vielmehr aus einer militärisch geordneten Menschenmasse. Das Schwert in der rechten Hand des Leviathan war nun ein Sturmgewehr, die Krone auf dem Kopf fehlte, und statt des Krummstabs, der bei Hobbes noch symbolisierte, daß dem Staat neben der weltlichen auch die geistliche Herrschaft zukomme, hielt der Riese aus Onkel Curiosos Träumen in der linken ein brennendes Buch. Nicht nur um die geistliche Herrschaft ging es ihm, sondern auch um die geistige, um den Versuch, nicht nur das gesellschaftliche Betragen der Menschen zu beherrschen, sondern ihnen auch ein bestimmtes Denken aufzuzwingen, Indoktrination und Gleichschaltung.

Da wurden diverse Assoziationen aufgerufen. Die Bücherverbrennungen deutscher Studenten vor der Münchner Universität im Mai 1933. Wo man noch wenige Wochen zuvor einen Vortrag Thomas Manns über Richard Wagner begeistert bejubelt hatte, verbrannte man nun seine Bücher. Oder auch Truffauts eigenartig unwirklicher Film mit dem automatenhaften Oskar Werner, jene negative Utopie von den buchvertilgenden Brandstiftern in Feuerwehruniform, „Fahrenheit 451". So beim Problem des Widerstands angelangt, kam Onkel Curioso dann Montaignes Ausspruch in den Sinn, er würde „der gerechten Sache bis an den Scheiterhaufen folgen, aber nicht bis hinein, wenn es sich vermeiden läßt". Ein späterer Schüler Montaignes, Friedrich der Große, hatte das etwas süffisanter zum Ausdruck gebracht: „Ich weiß nicht, ob es ein Vergnügen ist, Märtyrer des Irrtums anderer Leute zu sein." Sein Briefpartner Voltaire wiederum äußerte sich bei Gelegenheit entschiedener und spitzte die Sache gegen Borniertheit und Intoleranz zu: „Ich bin bemüht, mich so zu verhalten, daß ich nicht zum Märtyrer jener Wahrheiten werde, derer die meisten Menschen ausgesprochen unwürdig sind. Es hieße, Eseln, die nach mir ausschlagen, zur Belohnung dafür Flügel schenken zu wollen."

„Elegant formulierte, beherzigenswerte Klugheitsregeln", sagte Onkel Curioso. „Zumindest im Kampf gegen den totalitären, in großem Stile menschenvernichtenden Staat stoßen sie allerdings an ihre Grenzen, und es kann dann leider unvermeidlich werden, das eigene Leben zu opfern."

Onkel Curioso hatte, besonders in seinen jüngeren Jahren, einige Sympathien für den Anarchismus gehabt. Daß so etwas auf die Familie zukommen könnte, hatte schon ein Verwandter befürchtet, der auf Onkel Curioso aufpassen sollte, als der noch ein Kleinkind gewesen war. Er hatte ihn nur kurz aus den Augen gelassen und fand ihn dann, wie er auf dem Balkon saß, durch einen schmalen Spalt unter dem Balkongitter eine Orange nach der anderen hindurchrollte und sich diebisch daran freute, daß die Orangen nach einem Flug über mehrere Stockwerke spritzend auf dem Trottoir zerschellten.

Bei der Art von Anarchismus, der später eine Zeitlang Onkel Curiosos Interesse galt, handelte es sich um syndikalistische, genossenschaftliche oder basissozialistische Modelle, die sich eine Gestaltung des menschlichen Zusammenlebens ohne Staat vorstellten. Auf längere Sicht blieb davon allerdings nicht viel mehr als seine anhaltende Freude an jenen herrlich lapidaren Sätzen, mit denen Bertrand Russell eine Abhandlung über den Anarchismus beginnt, in der er verbreitete irrige Vorstellungen eloquent ad absurdum führt: „Nach volkstümlicher Ansicht ist ein Anarchist jemand, der Bomben wirft und andere Greuel begeht, weil er extreme politische Ansichten als Vorwand für kriminelle Neigungen benutzt. Diese Auffassung ist natürlich gänzlich unangebracht. Einige Anarchisten haben Bomben geworfen, andere nicht. Menschen fast jeder politischen

Einstellung haben unter gewissen Umständen von diesem Mittel Gebrauch gemacht."

Onkel Curioso aber war die Unvermeidbarkeit des Staates immer deutlicher geworden: „In einer Gesellschaft kooperierender Gruppen, von der die Anarchisten träumen, hätten wir nach harten Auseinandersetzungen bald wieder Machtkartelle, die sich viel weniger kontrollieren und reformieren ließen, als dies in den demokratischen Rechtsstaaten moderner Prägung trotz aller ihrer Mängel möglich ist. Solche demokratischen Rechtsstaaten sind nämlich noch am besten geeignet, um Probleme zu lösen wie das des großen Knaben mit dem kleinen Mantel und des kleinen Knaben mit dem großen Mantel."

„Die einzige philosophisch oder jedenfalls moralisch bedeutsame Mantel-und-Degen-Geschichte, die ich kenne, ist die Legende vom heiligen Martin, dem Bischof von Tours, der seinen Mantel mit dem Schwert zerteilt, um eine Hälfte einem Bettler zu geben", sagte ich, als mir Onkel Curioso zum ersten Mal mit diesen Knaben kam.

„Die Geschichte, die Xenophon in seiner ‚Erziehung des Königs Kyros' erzählt, ist 750 Jahre älter und handelt von etwas ganz anderem", antwortete Onkel Curioso. „Kyros wird von seinem Lehrer zum Richter in folgendem Rechtsfall bestellt: Ein großer Knabe, der einen kleinen Mantel hatte, nahm einem kleinen Knaben, der einen großen Mantel hatte, diesen weg und zog ihn sich selbst an. Dem kleinen Knaben aber gab er den kleinen Mantel. Kyros urteilte nun, daß es besser für beide sei, wenn jeder den passenden Mantel habe, und gab dem großen Knaben recht. Der Lehrer aber schlug ihn deswegen und sagte, er sei nicht der Richter über das Passende, sondern habe darüber zu entscheiden, welcher Besitz der rechtmäßige sei, ob der Mantel also dem gehöre, der ihn mit Gewalt genommen habe, oder demjenigen, der ihn verfertigt oder gekauft habe. Da haben wir schon im 4. Jahrhundert vor Christus das Konzept des

Rechtsstaats, und die Geschichte verfolgt uns immer noch: der ewige Gegensatz von ‚Jedem das Seine' und ‚Jedem das Gleiche'. In den Auseinandersetzungen darüber, wie der gerechte Staat und eine gerechte Staatengemeinschaft aussehen sollen, klingt diese alte Geschichte nach.

Daß der real existierende Sozialismus katastrophal abgewirtschaftet hat – beziehungsweise hatte –, ist ebenso unbestreitbar, wie die Krisenerscheinungen des ‚siegreichen' Kapitalismus unverkennbar sind. Auch wenn sie zum großen Teil anders aussehen, als es sich der Marxismus vorgestellt hat. Wir müssen einen Weg finden zwischen dem sozialistischen Irrweg der Gleichmacherei um jeden Preis, den Richard Robinson so treffend mit der Metapher ‚Schaler Fisch für alle ist besser als frischer Fisch nur für Küstenbewohner!' gekennzeichnet hat, und jenem kapitalistischen Irrweg, den man – um im Bild zu bleiben – mit der Devise kennzeichnen könnte: ‚Hummer bis zum Überdruß für eine kleine Gruppe von Reichen ist besser als frischer Fisch für einen großen Teil der Bevölkerung.' Der Kapitalismus ist unzweifelhaft die Wirtschaftsform, die es am erfolgreichsten geschafft hat, Wohlstand zu verbreiten. Aber gerade in letzter Zeit setzt sich wieder vermehrt eine Spielart durch, die die Gegensätze zwischen Arm und Reich auf verhängnisvolle Art und Weise verschärft und den für das gesellschaftliche Wohlergehen so wichtigen Mittelstand demotiviert."

So sehr Onkel Curioso also über Politik nachdachte, so wenig spielte er selbst eine politische Rolle. Dazu hätte er etwas mehr von den Charakteren des Mephistopheles oder des Großinquisitors benötigt oder aber etwas schlichter im Geiste sein müssen. Immerhin aber hatte er durch seine Gedanken und sein persönliches Scheitern an der Politik großen Anteil an Tante Sapientias neuer Initiative.

Schon öfter war sie bei ihren Spazierfahrten an einem immer mehr verfallenden spätgotischen Landschloß vorbeigekommen, sechseckige Türme, hoher Stufengiebel, halbverdeckt von mächtigen Bäumen an einem Teich mitten im flachen Bauernland gelegen. „Ein Jammer", hatte sie gedacht, „daß das niemand mehr erhalten kann." Und jetzt kam ihr plötzlich eine Idee: Sie würde das Schloß renovieren und zum Sitz einer „Stiftung für sachgerechte Politik" machen. Damit könnte man wenigstens das Nachdenken und die Diskussion über bessere Lösungen fördern, wie viel Einfluß das dann auch immer auf die praktische Politik haben würde. Vielleicht ließe sich auf diese Weise – bei aller Unterschiedlichkeit der Auffassungen – ein Beitrag zu einem neuen, parteiübergreifenden Klima der Kooperativität im Interesse der Sache leisten und auch der modischen Haltung genereller Politikverdrossenheit ein wenig der Boden entziehen.

Sie stürzte sich sofort in die Arbeit und stellte fest, daß die Denkmalschützer im Jahr zuvor gerade einmal die wichtigsten Sicherungsmaßnahmen am Dach und den feuchten Fundamenten vornehmen hatten können, um einem völligen Verfall Einhalt zu gebieten. Man war von ihrer Idee, das Schloß mit neuem Leben zu erfüllen und dazu auch selbst einen beträchtlichen finanziellen Beitrag zu leisten, begeistert, und sie fand bald die verschiedensten engagierten Mitstreiter.

Als dann die Renovierungsmaßnahmen richtig anliefen, war sie ständig durch alle möglichen Besprechungen mit dem Architekten, den Denkmalschützern und den Handwerkern in Anspruch genommmen. Das lenkte sie sehr wirkungsvoll vom Verlust ihres Mannes ab.

Als ich sie besuchte, um mir die Baufortschritte anzusehen, sagte sie: „Sieh dir diesen Arkadenhof an. Selbst wenn die Tagungen und wissenschaftlichen Projekte unserer Stiftung keinerlei politische Wirkung hätten – dieses Schmuckstück von einem Schloß zu retten, ist allein schon das ganze Engagement wert."

Daß hier etwas Greifbares unter ihren Augen wiedererstand,

kam ihrer Neigung zum Konkreten und Naheliegenden sehr entgegen. Von großen utopischen Entwürfen hielt sie sowieso nichts.

„Auf manche Sachen kann wirklich nur ein Mann kommen", sagte sie. „Nehmen wir doch einmal Thomas Morus als Beispiel. Es ist kaum vorstellbar, daß uns eine Frau die ideale Welt so präsentieren könnte, wie er dies mit seinem Gesellschaftsentwurf auf der halbmondförmigen künstlichen Insel Utopia tut. Da gibt es 54 Städte annähernd gleicher quadratischer Anlage, in denen man ein streng geregeltes Leben in Gemeinschaftshäusern führt, die obendrein nach dem Lose regelmäßig zu tauschen sind. Privateigentum ist strikt verboten, das Tragen einfachster Einheitskleidung vorgeschrieben, ,die Frauen ihren Männern untertan'. Alle schmutzigen und mühsamen Dienstleistungen werden von Sklaven besorgt, die allerdings keine fremden Untermenschen, sondern Verbrecher sind – der Sklaverei anheim gefallen zum Beispiel wegen solcher Unchristlichkeiten wie Ehebruch. Thomas Mores Utopie propagiert unbestreitbar viele humane und fortschrittliche Gedanken. So fordert er etwa religiöse Toleranz – nicht allerdings für Atheisten und Materialisten, wie Curioso einer war: Die sollen zwar nicht eigentlich bestraft werden, gehen aber ihrer Bürgerrechte verlustig. Oder – um noch ein anderes Beispiel für seine relative Modernität zu nennen: Er stuft die Jagd wegen ihrer Grausamkeit gegenüber den Tieren als Verrichtung des Metzgerhandwerks ein und verurteilt sie als Vergnügen. Obendrein wird das ganze Streben der Utopier von dem durchaus ehrenwerten Motiv getragen, ,möglichst viel Zeit frei zu machen von der Knechtschaft des Leibes für die freie Pflege geistiger Bedürfnisse'. Und das Ziel der Bewohner von Utopia, Gerechtigkeit und Billigkeit zu verwirklichen, Arbeiten nach ihrer gesellschaftlichen Nützlichkeit zu bewerten und die Bereicherung der Reichen auf Kosten der Armen zu verhindern – das ist heute kaum weniger aktuell als damals. Aber trotz alledem: Was für ein kollektivistischer Alptraum wird uns da zugemutet. Nun mag es Thomas More mehr um eine Kritik an der zeitgenössischen Gesellschaft gegangen sein und weniger um einen ernstgemeinten Zukunftsentwurf, bedeutet doch der von ihm erfundene Inselname ‚Utopia‘, dieses Kunstwort, das seither als ‚Utopie‘ in viele Sprachen eingegangen ist und eine ganze literarische und philosophische Gattung bezeichnet, nichts anderes als ‚Nicht-Ort‘. Thomas More hätte aber nicht so dick auftragen und seine Geschichte in der – wenn auch vielleicht ein wenig selbstironischen – Anpreisung auf dem Titelblatt als ‚ein wahrhaft goldenes Büchlein von der besten Staatsverfassung‘ bezeichnen müssen. Das treibt mich dann dazu, etwas von der den Utopiern zugeschriebenen Mißachtung des Goldes auch auf dieses Opus zu übertragen.“

Wie ihr verstorbener Mann schätzte Tante Sapientia dagegen die oft verleumdete Bienenfabel des Bernard Mandeville sehr. Einmal sagte sie zu mir: „Vielleicht befähigte sein Beruf diesen Londoner Arzt, schon Anfang des 18. Jahrhunderts in einem höchst erstaunlichen Maß zu einem differenzierten und gelassenen Realismus zu finden und sich von den Vorurteilen seiner Zeit, die oft genug auch noch die der unsrigen sind, weitgehend freizumachen. Gut, manchmal mag er die Realität allzu bereitwillig akzeptiert und gerechtfertigt haben. Aber viele Leser haben auch einfach den kritischen, humanen Impetus nicht mitbekommen, der aus seiner Fabel und vor allem seinen Kommentaren hierzu spricht. Und hätten sich nur all die Ideologen, unter denen die Menschheit seither zu leiden hatte, ein Beispiel an ihm genommen und sich das Verhalten der Menschen so genau angesehen, bevor sie sich in ihre Schreibzimmer und Parteizentralen zurückzogen, um alle möglichen totalitären Weltbeglückungsideen auszubrüten! Mandeville war – wie auch der vielfach mißverstandene Adam Smith – alles andere als ein Vorläufer der Laissez-faire-Liberalen. Er plädierte lediglich gegen eine vom Ideal absoluter Gerechtigkeit und moralischer Perfektion besessene Reglementierungs- und Restriktionspolitik und für eine von Augenmaß und der Suche nach Anreizen bestimmte Ordnungspolitik, die die natürlichen Neigungen der Menschen in Rechnung stellt und im Interesse der Gemeinschaft zu nutzen versteht."

„Ja", sagte ich, „in einer Gesellschaft, in der auch nur eine geringe Chance besteht, daß die Stimme der Vernunft gehört wird, muß man sich immer wieder zu Wort melden – wie es auch Onkel Curioso versucht hat. Er war stets der Meinung, es sei eine wesentliche Aufgabe der Philosophie, sich in verständlicher Form zu den praktischen Problemen des persönlichen und gesellschaftlichen Lebens zu äußern. Ich erinnere mich noch gut, wie er nach der Lektüre eines übermäßig theoretisierenden, sekundärliterarischen Buches über die ‚Philosophie des guten Lebens' oder die ‚Lebenskunst' das sarkastische Bonmot Odo Marquards zitierte, eine Philosophie, die den Menschen auf der Straße nichts zu sagen habe, sei wie eine Zunft von Sockenherstellern, die Socken nur für Sockenhersteller herstellten. Allerdings gibt es auch Situationen, in denen der Rat Platons gilt, man solle sich, wenn keine Aussicht bestehe, genügend gleichgesinnte Mitstreiter zu finden, von öffentlichen Auseinandersetzungen – er nannte es: die Staatsgeschäfte – fernhalten. Zumindest gilt dies, wenn man nicht im Besitze eines großen und stabilen Regenschirms ist."

„Wieso Regenschirm?", fragte Tante Sapientia und verschaffte mir so noch einmal die Gelegenheit, etwas aus dem Bilderschatz der Philosophen zum besten zu geben.

„Nun, Platon benutzt einen recht nassen Vergleich, um zu erklären, wann sich die Weisen von den Staatsgeschäften fernhalten: Wenn sie nämlich sehen, sagt er, wie die Leute auf den Straßen in Scharen vom Dauerregen durchnäßt werden, und sie sie nicht überreden können, dem Regen auszuweichen und sich unter die Dächer zu stellen, dann bleiben sie selbst unter dem Dach – weil sie sich darüber klar sind, daß sie, wenn sie hinausgehen, nichts erreichen, als selber naß zu werden. Und sie sind zufrieden, wenigstens selbst im Trockenen zu sitzen, da sie der Dummheit der anderen doch nicht abhelfen können."

„Da hat Platon recht", meinte Tante Sapientia. „Wer sich nämlich nicht an diesen Ratschlag hält, dem kann, wenn er schon nicht mitten im Regen steht, zumindest jenes Schicksal blühen, das Stanislaw Jerzy Lec so trocken beschreibt: ‚Viele, die ihrer Zeit vorausgeeilt waren, mußten auf sie in sehr unbequemen Unterkünften warten.' Aber noch einmal zurück zu Platon. Er hat das sicher nach seinem wenig erfolgreichen sizilianischen Abenteuer bei Dionysios dem Jüngeren in Syrakus geschrieben. Vorher hat er nämlich etwas andere Töne angeschlagen. In der Schiffsgeschichte aus der ‚Politeia' etwa, die Curioso bisweilen gerne erzählte, vor allem dann, wenn irgend jemand im Gespräch mit ihm den Eindruck gewonnen hatte, sein Leiden an der Politik habe ihn vielleicht für undemokratische Anwandlungen empfänglich gemacht."

„Platons Schiffsgeschichte?", murmelte ich. „Dazu fällt mir jetzt wieder mal gar nichts ein. Daß uns Onkel Curioso einmal erzählt hat, wie Pyrrho und seine Gefährten mit einem Schwein Schiffchen fuhren, daran erinnere ich mich, ja, sogar an das Schiffsumbaugleichnis von diesem Wiener, war es nicht Moritz Schlick?"

„Knapp daneben", antwortete Tante Sapientia lächelnd. „Es war Otto Neurath. Weißt du, ich kann die beiden auseinanderhalten, weil ich von Curioso so einiges über diese Antipoden im Wiener Kreis des Logischen Empirismus gehört habe. Neurath und Schlick waren nur in philosophischer Hinsicht verbunden, aber sonst konnten sie nicht miteinander und setzten sich bei Besprechungen immer an die entgegengesetzten Tischenden. Neurath muß selbst ein wenig ausgesehen haben wie ein Seemann, groß, roter Vollbart, Arbeiterkappe und laute Stimme. Und oft, wenn er guter Stimmung war, unterzeichnete er seine Briefe mit dem Bild eines lachenden Elefanten, der im Rüssel eine Blume hielt. Er scheint so ein spezifisch österreichisches Enfant terrible gewesen zu sein. Moritz Schlick soll ihn schon seines lauten Organs wegen niemals eingeladen haben, er, ein Herr mit großbürgerlichem Lebensstil, der in seinem Haus Konzertabende gab und vor seinen Vorlesungen auszureiten pflegte – und der leider ein so unphilosophisches Ende fand: erschossen in der Universität von einem geistesgestörten ehemaligen Studenten."

„Statt solcher Greuel solltest du mir lieber Platons Schiffsgeschichte erzählen", sagte ich. „Du hast sicher gemerkt, daß da dem Schifflein meines philosophischen Wissens wieder einmal eine Planke fehlt."

„Denke dir, sagt Sokrates zu Adeimantos, einen Menschen zum Kapitän eingesetzt, der zwar der Größte und Stärkste ist und guten Willens, aber schwerhörig und schwachsichtig. Er versteht von der Kunst der Navigation so viel wie jeder x-beliebige Matrose und glaubt auch nicht, daß es eine solche Kunst gebe und man diese erlernen könne. Obendrein bedrängen ihn ständig andere Mitglieder der Mannschaft, ihnen das Steuer zu überlassen. Behauptet einer, man könne die Kunst der Navigation erlernen, wird er gleich niedergeschlagen. Zuweilen aber, wenn einige den Kapitän nicht überreden können, ihnen das Steuerruder zu überlassen, andere jedoch scheinbar eher, dann töten sie diese anderen und werfen sie über Bord. Den edlen Schiffsherrn aber fesseln sie durch Zauberbeeren und Rausch oder anderswie und regieren so das Fahrzeug und verbrauchen, was sich eben darin findet. So zechend und schmausend schiffen sie, wie es von solchen zu erwarten ist. Sie preisen jeden, der es durch Überredung oder Gewalt versteht, ihnen dabei behilflich zu sein, ans Ruder zu kommen. Und den wahren Schiffahrtskundigen nennen sie nur einen unnützen Wetterpropheten oder Buchstabenkrämer."

„Und was meinte Onkel Curioso zu dieser zeitlosen und unmißverständlichen Attacke auf die Demokratie?", fragte ich.

„Nun, er sagte etwa folgendes: Zwar ist die Entschlossenheit, sich bei zur Entscheidung anstehenden Problemen fachkundig zu machen, für einen Politiker ebenso höchst wünschenswert wie ein gewisses Maß an geschichtlichem und staatstheoretischem Wissen. Andererseits spricht die Geschichte nicht gerade dafür, daß Philosophen, Politologen, Historiker oder Wirtschafts- und Sozialwissenschaftler die besseren Politiker sind. Das politische Geschehen führt ständig in unerwartete Konstellationen, die weder wissenschaftlich vorhersehbar noch überschaubar sind und auch nicht mit wissenschaftlich begründbaren Handlungsanweisungen gehandhabt werden können. In der Politik müssen ständig Präferenz- und Wertentscheidungen getroffen werden. Nun haben aber Philosophen und andere Wissenschaftler keinen privilegierten Status für Entscheidungen über gut und böse, gerecht und ungerecht, wünschens- oder ablehnenswert. Und sein eventuell größeres Wissen gibt keinem Wissenschaftler das Recht, solche Entscheidungen über die Köpfe seiner Mitbürger hinweg zu treffen. Curioso führte also sein Leiden an der real existierenden Politik nicht zur Demokratieverdrossenheit. Er hielt es vielmehr mit Theodor Eschenburg: ‚Ich liebe die Demokratie nicht, und ich behaupte, die anderen Leute lieben sie auch nicht. Sie ist das geringste Übel. Warum soll man sich an diesem Übel nicht ärgern?'"

Die Frau mit der Glaskugel und der Mann mit dem Felsbrocken

Irrungen und Wirrungen der Trauer

Tante Sapientia entfaltete also trotz ihrer Trauer eine Vielzahl von Aktivitäten. Aber das war nur die Oberfläche. So besonnen und vernünftig sie anfangs, gleich nach dem Unfall, reagiert hatte, so wenig konnte sie doch Onkel Curiosos Tod verwinden. Sie hatte Tage, an denen ihr das Leben wie eine sinnlose Tretmühle vorkam, eine ermüdende Wiederholung von im Grunde immer gleichen Abläufen. Tage, an denen sie nicht mehr weiterleben wollte und mit dem Gedanken an Selbstmord spielte.

Dies wurde noch schlimmer, nachdem sie ihre Stiftung und die Renovierung des Schloßes so weit vorangebracht hatte, daß alles auch ohne ihr ständiges Zutun gut voranging, und sie deshalb wieder mehr Zeit zum Nachdenken hatte.

Sie versuchte, durch alle möglichen Eingaben in die BEZUG im Fiat Lux Kontakt mit Onkel Curioso aufzunehmen. Aber als Antwort erschienen auf dem Display immer nur entmutigende Anzeigen wie „Kann keine Verknüpfung finden", „Error", „Gesuchtes Netzwerk existiert nicht" und dergleichen mehr.

Einmal ließ sich Tante Sapientia in ihrer Verzweiflung sogar dazu hinreißen, zu einer Wahrsagerin und Spiritistin zu gehen, um herauszufinden, ob und wann sie Onkel Curioso in einem jenseitigen Leben wiedersehen würde und ob es irgendeine Möglichkeit gebe, mit ihm in Verbindung zu treten.

In letzter Zeit war ihr immer wieder eine eigentümliche Szene vor Augen getreten, die ihr früher nur eine pittoreske Urlaubserinnerung gewesen war. Vor vielen Jahren hatte eine Zigeunerin während eines Sonnenuntergangs im Angesicht der Alhambra in ihren Handlinien gelesen und vorausgesagt, sie werde den einzigen Mann in ihrem Leben, der ihr wirklich etwas bedeute, lange überleben. Sie hatte Onkel Curioso damals noch gar nicht gekannt und ihm auch später nie davon erzählt. Er hätte ja auch nur darüber gelacht, und sie selbst hatte solche Vorhersagungen auch nicht ernstgenommen, war zudem stets davon überzeugt gewesen, daß es andersherum kommen würde.

Was die übersinnliche Dame jetzt aus der Glaskugel zu lesen vorgab, war offenkundiger Schwindel und hatte mit ihrem verstorbenem Mann nichts zu tun. Die angeblichen Zeichen aus einer anderen Welt waren nichts als spiritistische Taschenspielertricks.

Nach diesem Besuch war Tante Sapientia einigermaßen ernüchtert, ja geradezu erschüttert darüber, wie weit es mit ihr hatte kommen können. In späteren Jahren allerdings gedachte sie dieser Episode mit gelassener Distanz und mußte sogar über die Abwege lächeln, zu denen sie ihr damaliger Zustand verleitet hatte.

Zunächst aber folgte der verzweifelten Schwäche für Esoterisches der Versuch, durch eine Beschäftigung mit östlichen Weisheitslehren über die kargen Wahrheiten des westlichen Denkens hinauszugelangen, die ihr keinen Trost boten. Irgendwie glaubte sie hier noch einen Hoffnungsschimmer zu erkennen, daß das Geistige den Tod auch auf andere Weise überwinden könnte als in der ebenfalls bald dahingeschwundenen Erinnerung der uns nahestehenden Menschen und unseren hin und wieder ein wenig langlebigeren Beiträgen zur menschlichen Kultur.

Obendrein war es chic geworden, sich auf die Brust zu klopfen und den ,Eurozentrismus' des Denkens zu beklagen. Und in dieser Phase der Verunsicherung ließ sich sogar Tante Sapientia ein wenig von derartigen Schlagworten beeinflussen, obwohl ihr im Grunde klar war, daß die Gültigkeit des Denkens ebensowenig davon abhängt, ob es europäisch oder asiatisch ist, wie davon, ob es männlich oder weiblich ist. Auch Meditationsverfahren und -erlebnisse faszinierten sie nur kurz. Sie erkannte bald, daß dies für den modernen Menschen nicht mehr als psychologische Techniken sein können, die ihm in bestimmten Situationen nützen. Es gab nun einmal nicht ernsthaft einen Weg zurück zu spiritueller Erleuchtung, Andacht, gläubiger Verehrung und Versenkung in religiöse Wahrheit. ‚Ein Buddha für das Abendland‘ – dies blieb ein aufgesetzter und zum Scheitern verurteilter Traum, mochten sich auch noch so viele asiatische oder auch nur asiatisch angehauchte Sekten bei uns tummeln, deren Leitfiguren manchmal neben dem Reiz des Fremdartigen auch den persönlichen Eindruck eines schlichten und asketischen Weisen für sich in die Waagschale zu werfen verstanden.

Dann begann sie in der Bibliothek ihres Hauses ein wenig in den Büchern zu lesen, die sie früher weitgehend Onkel Curioso überlassen hatte. So las sie etwa den Mythos des Sisyphus in der Interpretation, die Albert Camus ihm gegeben hatte. Im Griechisch-Unterricht hatte sie der Sisyphus-Geschichte nie viel abgewinnen können. Jener Frevler, der die Geheimnisse der Götter verraten und den Tod mehrfach überlistet hatte und dafür nun immer und immer wieder einen großen Felsblock auf den Gipfel eines Berges rollen mußte, nur um ihn im nächsten Moment wieder herunterrollen zu sehen, war ihr bloßes Bildungsgut gewesen und hatte sie nicht weiter berührt. Jetzt aber gewann diese Allegorie an Bedeutung für sie. In ihrer Einsamkeit konnte sie gut nachempfinden, daß man sein Leben, ja das Leben des Menschen überhaupt, als eine einzige Sisyphus-Arbeit ansehen kann. Sie war tief beeindruckt davon, wie sich Camus für Sisyphus besonders während seines Abstiegs vom Berg interessiert, für einen Menschen, der in jener Pause, die nicht von der Konzentration auf die alltägliche Plackerei geprägt wird, bewußt zu leben vermag, sich an Kleinigkeiten in der ihn umgebenden Welt freut und diese intensiver empfindet.

Ein Mensch, der sein Los schließlich als selbstgesetzte Aufgabe akzeptiert und in seinem Kampf mit dem Schicksal im Grunde als glücklich anzusehen ist.

Diese Gedanken halfen Tante Sapientia in jener schwierigen Phase ihres Lebens sehr. Später fand sie allerdings, das menschliche Leben könne nur unter sehr unglücklichen Umständen mit der Monotonie einer Sisyphus-Existenz verglichen werden, etwa bei einer langjährigen Haftstrafe oder einem völlig aufzehrenden, monotonen Arbeitsprozeß. Nachdem sie etwas mehr Abstand gewonnen hatte, erschien ihr Camus' Umgang mit dem Sisyphus-Mythos doch recht pathetisch.

„Diese Vergeblichkeits-Metaphorik wird ohnehin überschätzt", sagte sie. „Egal, ob sie nun die aussichtslose Wiederholung des immer Gleichen benutzt oder aber den einen verlorenen Kampf, das eine große Scheitern, wie bei dem alten Mann mit seinem Fisch. Und schon gar nicht entwertet die bloße Vergänglichkeit das, was wir anstreben oder erreicht haben."

Vorübergehend hatte sich Tante Sapientia innerlich zu sehr von der Welt zurückgezogen und der Beschäftigung mit sich selbst und ihrer Trauer zu viel Raum gelassen. Das Ende dieser Phase nahte, als sie bei ihren Streifzügen durch Onkel Curiosos Bibliothek auf die „philosophischen Wurstmaschinen" in Bertrand Russells „The Conquest of Happiness" stieß. Zwar fand sie, daß diese etwas mechanistische Geschichte nicht gerade sein stärkstes Gleichnis sei, aber auf Geschichten muß man zur richtigen Zeit stoßen, damit sie einem etwas bedeuten: „Es waren einmal zwei Wurstmaschinen, die speziell dafür konstruiert worden waren, Schweinefleisch in die köstlichsten Würste zu verwandeln. Eine von beiden erhielt sich ihre Begeisterung für Schweinefleisch und erzeugte unzählige Würste. Die andere aber sagte: Was soll mir Schweinefleisch? Meine eigene Konstruktion ist viel interessanter und wunderbarer. Und sie verweigerte das Schweinefleisch und machte sich daran, ihr Inneres zu untersuchen. Seiner natürlichen Nahrung beraubt, hörte ihr Inneres auf zu funktionieren, und je mehr sie es studierte, desto leerer und uninteressanter erschien es ihr. Der ganze raffinierte Apparat, durch den bis dahin die köstliche Umwandlung vollzogen worden war, kam zum Stillstand, und sie konnte sich kaum noch vorstellen, was sie zu tun imstande gewesen war."

Tante Sapientia gelang es allmählich, sich ihren verschiedenen Interessen und Aufgaben wieder ohne jene versteckte Bitterkeit und Verzweiflung zu widmen, die sie während der ersten Zeit nach Onkel Curiosos Tod beherrscht hatten. Sie war wieder häufiger imstande, sich an der Gegenwart zu freuen, und auch ihre alte Neugier auf die Zukunft stellte sich wieder ein. Im Gegensatz zu so vielen anderen älteren Menschen richtete sie sich nicht auf Dauer in der Vergangenheit ein.

Manchmal mußte sie daran denken, daß Curioso nie sonderlich viel Verständnis für jene Legenden von „guten alten Zeiten" gehabt hatte. Obwohl er sich durchaus der Tatsache bewußt gewesen war, daß wir für viele Fortschritte mit anderweitigen Verlusten bezahlen, bedeuteten ihm schon allein Erkenntnis und Wissen so viel, daß er in keiner früheren Epoche der Menschheitsgeschichte hätte leben wollen.

Und sie tröstete sich jetzt damit, daß er wirklich *gelebt* hatte. „Wenn auch meinem lieben Curioso ein viel zu kurzes Leben vergönnt war", sagte sie, „so glich er doch wenigstens nicht jenem Durstigen am Rande einer Quelle, von dem uns Fontenelle berichtet. Der wollte das Wasser, das vor ihm floß, nicht trinken, weil er hoffte, nach einiger Zeit käme noch besseres. Als diese Zeit um war, sagte er: ,Das ist immer noch dasselbe Wasser. Das will ich nicht trinken. Ich warte lieber noch ein Weilchen.' Da schließlich das Wasser stets sich gleichblieb, wartete er so lange, bis die Quelle versiegte – und er trank überhaupt nicht. Thomas und ich dagegen, wir haben zum Glück nicht nur zusammen aus so mancher frischen Bergquelle getrunken, sondern auch viele gute Flaschen Wein miteinander geleert. Und die meiste Zeit ist es uns gelungen, jenes schöne Diktum Schopenhauers in Ehren zu halten, wo er sagt, die Heiterkeit sei ‚gleichsam die bare Münze des Glückes und nicht wie alles andere bloß der Bankzettel‘.“

Tante Sapientia hatte nun allerdings nicht mehr einen so unbedingten Drang zur Aktivität wie einst. Früher hatte ihr, ganz im Gegensatz zu Onkel Curioso, jedes Verständnis für Gontscharows Gestalt des Oblomow gefehlt – oder genauer: Sie hatte ihn in seiner Trägheit als bloße Provokation und sozialkritische Karikatur gesehen. Inzwischen empfand sie, daß die Introvertiertheit und Untätigkeit dieses „Helden“ eine komplementäre, in ihm zwar übersteigerte, aber doch durchaus bis zu einem gewissen Grade berechtigte Lebenshaltung darstellte. So schätzte sie diesen großen russischen Roman nun noch aus einer anderen Perspektive. Mit der tatkräftigen Olga und dem energischen Stolz hatte sie – und hierin war sie sich mit Onkel Curioso einig gewesen – bereits vorher sympathisiert, vor allem auch, weil sie jene Szene gut nachempfinden konnten, wo die beiden auf dem Höhepunkt ihres Glücks in eine Art philosophische Krise geraten: eine Gemütsverfassung ähnlich der, die man später „l'ennui“ genannt hat oder – in der Sprache der Logotherapeuten – „ein Gefühl existentieller Unerfülltheit“. Diese von Gontscharow eindrucksvoll erfaßte Stimmung, die nachdenkliche und sensible Menschen, die das Glück haben, sich nicht allzusehr mit ihrem unmittelbaren Lebensunterhalt beschäftigen zu müssen, jederzeit und überall anfallen kann: „Das ist der Preis, mit dem das Feuer des Prometheus erkauft wird! Man muß diese Traurigkeit nicht nur dulden, sondern auch lieben und diese Zweifel und Fragen achten; sie sind der Überfluß, der Luxus des Lebens, und erscheinen meist nur auf den Gipfeln des Glückes, wo es keine rohen Wünsche gibt; sie entstehen nicht inmitten des Alltagslebens; wo Not und Elend ist, hat man keinen Sinn dafür; die Menge schreitet hin, ohne diesen Nebel der Zweifel und die Bangigkeit der Fragen zu kennen ... Wer ihnen aber rechtzeitig begegnet, sieht in ihnen nicht etwas Zermalmendes, sondern begrüßt sie als liebe Gäste."

Tante Sapientia nahm mit der Zeit verschiedene Gewohnheiten wieder auf, zu denen sie in der depressiven Phase nach Onkel Curiosos Tod nicht mehr imstande gewesen war. So verbrachte sie ihren Winterurlaub wieder in dem schloßartigen, jedoch familiären Hotel in der Schweiz, das sie schon zusammen mit ihrem Mann während vieler Winter aufgesucht hatte. Es überblickte jenen immer noch relativ ruhigen und beschaulichen Erholungsort, dem schon Nietzsche seine ersten philosophischen Weihen verliehen hatte – woran noch heute ein kleines Museum erinnert. Die imposante Bergwelt rund herum ließ einen verstehen, daß Nietzsche – so es nun einmal sein mußte – gerade hier der Gedanke kam, Zarathustra, seinen Lehrer des „Jenseits von Gut und Böse", ins Gebirge gehen und nach zehnjähriger Einsamkeit wieder herabsteigen zu lassen, um die Menschen den Übermenschen zu lehren.

Das Hotel allerdings hatte mit derlei Maßlosigkeiten nichts im Sinn. Es stand ja auch „erst" seit kurz nach der Wende zum 20. Jahrhundert da oben auf dem Fels und war mit schweizerischem Bürgersinn Schritt für Schritt immer wieder renoviert und behutsam den neuen Zeiten angepaßt worden. Es hatte schon so manche Persönlichkeit beherbergt, die in der geistigen Welt Onkel Curiosos und Tante Sapientias eine mehr oder weniger große Rolle spielte: Thomas Mann, Adorno, Dürrenmatt ...

Tante Sapientia fuhr gerne hierher, obwohl sie damals, als sie das Haus zum ersten Mal betreten hatte, einen Augenblick lang gar nicht so begeistert gewesen war. Die etwas schummrigen alten Gänge mit ihren offenliegenden Leitungsrohren und den sich stellenweise von den Holzbohlen lösenden, ziegelfarbenen Bodenfliesen sowie die altertümliche, wenn auch bei genauerer

Betrachtung bestens gepflegte Zimmereinrichtung hatten sie kurzzeitig zweifeln lassen, ob die gehobenen Preise des Hotels gerechtfertigt seien. Sie hatte jedoch schnell festgestellt, daß man sich hier in einer Weise um den Gast bemühte, die solche Äußerlichkeiten ganz nebensächlich erscheinen ließ. Hier herrschte bürgerliche Solidität, und trotz der Größe des Hauses gab das persönliche Wirken der Hoteliersfamilie dem Ganzen eine Atmosphäre, die sich wohltuend von der geschäftsmäßigen Serviceleistung in den Häusern großer Hotelketten unterschied. Gut, was die Einrichtung angeht, gab es hier ein über Jahrzehnte gewachsenes Gemisch der Stile und nicht den großen Wurf geschmackssichererer Gestaltung – dafür aber viele hübsche Details, die vom ästhetischen Bewußtsein gestandener Handwerker kündeten. Da war nichts vom hinfälligen und substanzlosen modischen Glanz irgendwelcher Schickeria-Herbergen.

Tante Sapientia wußte jetzt noch mehr als früher zu schätzen, daß Diskretion zu den Selbstverständlichkeiten des Hauses gehörte. Wer „reif für die Insel" war, tat besser daran, sich hierher zu flüchten als auf manch wirkliches Eiland. An diesem Ort, auf dieser „Insel mit Brücken", wie das Hotel in einer Festschrift zu seinem letzten runden Geburtstag treffend genannt wurde, wäre Thomas Mann wohl auch dann kaum in irgendeiner Weise belästigt worden, wenn er nicht – wie es berichtet wird – im Speisesaal raschen Schritts seinem Tisch zugestrebt wäre, ohne nach rechts oder links zu blicken.

Tante Sapientia gehörte zu jenen wenigen Frauen, die – obwohl sie ein erhebliches Maß an Eleganz ausstrahlen – mühelos mit fellbespannten Tourenski einem Skiführer auf die umliegenden Dreitausender folgen konnten. Und bei der Abfahrt unterschied sich ihre Spur oftmals nur wenig von der des Führers. Seit es jene überbreiten Skier gab, über die sie anfangs herzlich gelacht hatte, weil sie ihr mehr wie Wasserski erschienen waren, galt dies selbst für die schwierigeren Schneearten. Sie übertrieb jedoch diese – trotz allem anstrengenden – Unternehmungen nicht. Aber auch mit ein bis zwei Gipfeln in jeder Saison erwarb sie sich mit der Zeit eine beträchtliche Kenntnis der umliegenden Bergwelt. Sie ging fast immer mit demselben Führer. Natürlich waren sie beide nun schon etwas älter geworden, aber immer noch hielten sie ohne Schwierigkeiten und ohne sich abzuhetzen – denn sie wollten ja etwas sehen und sich an der Natur und der Bewegung erfreuen – bei Aufstieg und Abfahrt ein mittleres Tempo ein und ließen manche Jüngeren hinter sich.

Sie bestieg sogar noch einmal den Piz Lunghin, einen gerade im Winter nicht zu unterschätzenden Gipfel. Wir alle haben unser ganz persönliches Geflecht aus mehr oder weniger weit gestreuten lokalen Reminiszenzen. Zusammen mit Onkel Curioso war sie vor Jahren hier heraufgestiegen, weil sich am Paß Lunghin eine Dreier-Wasserscheide zwischen Adria, Nordsee und Schwarzem Meer befindet. Und kann man dies in der verschneiten winterlichen Berglandschaft auch nur wissen und seine Quelle nicht sehen: Was von hier Richtung Schwarzes Meer fließt, ist der ein wenig nordwestlich unterhalb des Gipfels entspringende Inn. Dort wiederum, wo er in die Donau mündet, in der Drei-Flüsse-Stadt Passau, hatten sich Tante Sapientia und Onkel Curioso kennengelernt. In der ersten Zeit nach seinem Tod wäre es ihr unerträglich gewesen, an einen solchen Ort zu kommen. Nun aber bedeutete es mehr liebe Erinnerung als Trauer.

Im Sommer verbrachte sie meist ein paar Wochen in einem Blockhaus unweit ihres Heimatorts. Es lag, an drei Seiten von Wald umgeben, an einem Berghang mit weitem Blick auf die Ebene, den Fluß und eine Wallfahrtskirche auf einem vorgelagerten Hügel. Onkel Curiosos Familie hatte das Häuschen kurz vor dem Zweiten Weltkrieg erbaut. Einige Familienmitglieder hatten dort während des Krieges zeitweise Zuflucht gefunden, später hatten Onkel Curioso und Tante Sapientia so manchen gemeinsamen Urlaubstag hier verbracht. Anfangs waren die Verhältnisse recht primitiv gewesen. Strom gab es nur aus einer Autobatterie, und die zur Zimmerbeleuchtung eingesetzten 12-V-Birnen wurden rasch immer schwächer, wenn die Batterieladung abnahm. Als Kühlschrank diente ein Plastikbeutel in einer Quelle hinter dem Haus, und duschen konnte man nur draußen, natürlich mit dem kalten Bergwasser. Tante Sapientia hatte schon in ihrer Jugend rasch entschieden, daß dies nicht die Verhältnisse waren, unter denen sie Urlaub machen wollte. Bei Onkel Curioso rannte sie damit offene Türen ein. Er war nämlich auch eher ein Komfortmensch und konnte sich nur bei Wanderungen durch abgelegene Landschaften, bei denen es keine andere Möglichkeit gab, für ein Camping-Selbstversorger-Niveau begeistern. Ich erinnere mich noch gut, wie er einmal mit großem Vergnügen einen Satz aus einem Feuilleton über „Heideggers Todtnauberg" vorlas: „Die Philosophie tritt in ihr Hüttenstadium ein, ohne Strom und fließend Wasser, aber bei vollen Bezügen."

Allerdings handelte sich Tante Sapientia mit ihren Ansprüchen zwei Sommer ein, in denen sie nicht übermäßig viel von Onkel Curioso zu sehen bekam, weil er – zusammen mit einem handwerklich begabten Verwandten – das Häusl renovierte. Danach war es recht wohnlich. Nur Telefon gab es keins, bis das Zeitalter der Handys anbrach – und die konnte man schließlich ausschalten.

Doch zurück zu Tante Sapientias Gegenwart. Auch jetzt noch, wo sie reichlich Zeit und Geld hatte, erwies sich, daß sie maßhalten konnte und den Philosophen einige Lektionen über Lebenskunst abgelauscht hatte. Sie hielt sich an den Ratschlag Fontenelles: „Unsere Freuden sind nicht dauerhaft genug, um zu ertragen, daß man tiefer in sie hineingeht, man darf sie nur eben leicht anrühren: darin ähneln sie jenen sumpfigen Landstrichen, über die man leicht hinweglaufen muß, ohne je den Schritt anzuhalten."

Früher hatte es sie sehr in die Ferne gezogen. Onkel Curioso hatte ihre Reiselust eher gebremst. Und er hatte sich, wenn ihm der Sinn mehr danach stand, zuhause tätig zu sein, schon einmal auf Emerson berufen: „Ich bin kein pedantischer Gegner der Reisen um die Welt, wenn sie aus Liebe zur Kunst, aus Wißbegier, aus Menschenfreundlichkeit unternommen werden, wenn der Mensch nur erst eine Heimat hat und nicht in der Hoffnung auszieht, Größeres zu finden, als er zu Hause gekannt. Wer, um sich zu zerstreuen, reist, oder um etwas zu finden, was er nicht mitbringt, der flieht vor sich selbst und wird unter den Trümmern des Alten in seiner Jugend alt. In Theben, in Palmyra werden sein Geist und Herz alt und zerfallen wie diese, und er trägt Ruinen zu Ruinen." Andererseits hatte es Onkel Curioso auch sehr geschätzt, daß von seiner Frau immer wieder die Initiative zu den verschiedensten Reisen ausging. Er war sich der Tatsache wohl bewußt, daß er sonst gar zu viel über seinen Büchern und bei seiner Arbeit gehockt wäre und daß dies einer der Wege war, die Tante Sapientia zu nutzen wußte, um ihn mit der Welt zu verbinden. Die beiden hatten denn auch im Verlauf ihrer gemeinsamen Jahre einiges von der Welt gesehen.

Nun machte Tante Sapientia – da im fortgeschrittenen Lebensalter – nur mehr gelegentlich die eine oder andere größere Reise. Sie legte jetzt – einmal abgesehen von ihrem ungebrochenen Leseeifer und ihrer Freude an sportlicher Betätigung – viel Wert auf Unterhaltungen und Unternehmungen mit anderen Menschen. Sie war immer etwas kontaktfreudiger gewesen als Onkel Curioso, so daß es ihr nicht an einem entsprechenden Freundeskreis fehlte. Auch die Tatsache, daß sie der immer noch in erheblichem Maße religiös geprägten Lebensorientierung der meisten Menschen nicht so fern stand wie Onkel Curioso, hatte ihren Umgang mit anderen erleichtert. Für Onkel Curioso verharrten die meisten Menschen, was ihre Weltanschauung angeht, noch auf einer im Grunde illusionären –

an seinen radikaleren Tagen konnte er sogar sagen: infantilen – Bewußtseinsstufe, die ihm geprägt erschien von einem unangemessenen Überwiegen emotionaler Gesichtspunkte und Bedürfnisse.

Einmal las er mir dazu eine Stelle aus Schopenhauers Hauptwerk vor: „Tempel und Kirchen, Pagoden und Moscheen, in allen Landen, aus allen Zeiten, in Pracht und Größe, zeugen vom metaphysischen Bedürfniß des Menschen, welches, stark und unvertilgbar, dem physischen auf dem Fuße folgt. Freilich könnte wer satirisch gelaunt ist hinzufügen, daß dasselbe ein bescheidener Bursche sei, der mit geringer Kost vorlieb nehme. An plumpen Fabeln und abgeschmackten Mährchen läßt er sich bisweilen genügen: wenn nur früh genug eingeprägt, sind sie ihm hinlängliche Auslegungen seines Daseyns und Stützen seiner Moralität."

So war es nicht erstaunlich, daß für Onkel Curioso der Umgang mit längst verstorbenen Persönlichkeiten aus der philosophischen und literarischen Tradition genauso wichtig war wie der mit Lebenden. Gegenüber den Menschen, die ihm wirklich nahestanden, machte er auch kein Hehl daraus: „Es gibt Leute, die betreiben die Pflege von Bekanntschaften als eine Art Hobby. Das ist nichts für mich, denn dann hätte ich zu wenig Zeit, mich mit den Gedanken lebender und toter Geistesverwandter zu beschäftigen. Unter den Menschen, die wir zufällig in unserer Umgebung unmittelbar kennenlernen, sind die geistig anregenden leider eher selten – ganz zu schweigen von solchen, die eine weitgehend ähnliche Haltung zu den großen Fragen des Lebens einnehmen. Jedenfalls gilt dies für jemanden mit Interessen und Ansichten, wie ich sie habe."

Das alles war im Umgang mit Onkel Curioso irgendwie spürbar gewesen und hatte unwillkürlich eine gewisse Distanz geschaffen, auch wenn er sich stets um einen freundlichen Umgang mit seinen Mitmenschen bemüht hatte. Wenn ich heute über sein Verhältnis zu den religiösen und weltanschaulichen Überzeugungen nachdenke, mit der sich die Mehrzahl der Menschen zufrieden gibt, so kommt mir der Satz des Aristoteles in den Sinn: „Der Intellekt ist wie ein Mann, der nicht getrunken hat, neben anderen, die leere Reden führen."

Tante Sapientia dagegen vermittelte denen, die ihr begegneten, stets ein Gefühl der Offenheit und Unbefangenheit. Nach dem Tod ihres Mannes veränderte sie sich jedoch. Hatte sie früher immer Onkel Curiosos weltanschauliche Positionen in Frage gestellt – selbst durch Stillschweigen hatte sie den Eindruck vermitteln können, es fehle ihnen an ‚Tiefe' –, wurde sie nun selbst eine überzeugte und überzeugende Vertreterin einer von Naturalismus und autonomer Sinn- und Moralsetzung geprägten Lebenshaltung, wenn sie auch niemanden ungefragt mit irgendwelchen diesbezüglichen Äußerungen nervte. Sie hielt sich hier an die Devise, mit der der Essayist Isaiah Berlin einmal scherzhaft seine Tätigkeit kennzeichnete: „Sie sehen, ich bin wie ein Taxifahrer – bevor man mich nicht ruft, rühre ich mich nicht." Daß sie in der Krise nach Onkel Curiosos Tod mit allen möglichen Nebenwegen, ja Irrwegen des menschlichen Erkenntnisdrangs geliebäugelt hatte, machte sie nur noch glaubwürdiger, wenn das Gespräch doch auf derartige Fragen kam.

Und ihr Leben war auch jetzt nicht wie eine überlange Kreuzfahrt in der Karibik, war kein fortgesetzter Urlaub, nicht nur eine Abfolge mehr oder weniger beliebiger Freizeitaktivitäten, wie man dies bei manchen Menschen beobachtet, die keinen eigentlichen Beruf mehr ausüben müssen. Sie neigte nach wie vor nicht dazu, ihr Leben zu verplempern. Öfter entsann sie sich des unbarmherzigen Verdikts, das ihr Mann über das dilettierende Kreativitätsstreben unterbeschäftigter Wohlstandsbürger geäußert hatte: „Die sollten lieber lernen, etwas wirklich Wertvolles ordentlich zu reproduzieren, oder sie sollten zum Beispiel lieber irgendeinen Sport betreiben, wo sie keine Spuren hinterlassen. Oder noch besser: Sie sollten sich eine Aufgabe suchen, die der Mühe wert ist, zum Beispiel im humanitären Bereich."

Zu Onkel Curiosos Lieblingsbüchern hatte nicht umsonst ein – jedenfalls in Deutschland – weniger bekannter Roman von André Maurois gehört: „Bernard Quesnay". Er erzählt die Geschichte des Erben einer Textilfabrik, der sich entschließt, die ihm zugefallene Rolle zu akzeptieren und seine Aufgaben als (um sozialen Ausgleich bemühter) Unternehmer in der französischen Provinz wahrzunehmen, statt in Paris seinen Neigungen und Zerstreuungen an der Seite einer dilettierenden Malerin zu leben – allerdings auch die Geschichte seines Alter ego, eines Bruders, der die Fabrik verläßt, weil es seine Frau in der Enge dieses provinziellen Lebens nicht aushält und dies seine Ehe zu zerstören droht.

Das andere Ende

Über das Glück, Abschied nehmen zu können

Tante Sapientia erkrankte einige Jahre später an Brustkrebs. Obwohl sie den Tumor in ihrer linken Brust früh entdeckt hatte, stellte sich heraus, daß er bereits Metastasen in die Knochen gesetzt hatte.

Tante Sapientia legte nun – jedenfalls nach außen – ein fast schon unwirklich rationales Verhalten an den Tag. Allerdings hatten die von den Psychologen aufgestellten Schematisierungen des Normalverhaltens, die ihr obendrein allzugut bewußt waren, oder auch nur die üblichen Verhaltenserwartungen bereits vorher oft nicht auf sie gepaßt.

Zunächst einmal übersprang sie die so häufig zu beobachtende Phase der Verleugnung und des Nichtwahrhabenwollens und erkundigte sich sehr genau bei den Ärzten, wie sich die möglichen Behandlungsmaßnahmen voraussichtlich auf ihre Lebensqualität auswirken würden. Sie wollte nicht ein vielleicht etwas längeres Leben mit schwerwiegenden Nebenwirkungen erkaufen und nicht mehr Zeit beim Arzt oder im Krankenhaus verbringen als unbedingt nötig.

Tante Sapientia gab sich jedoch keineswegs auf. Sie begann ihre Erinnerungen zu schreiben. „Nachdem Thomas mit seinen Büchern posthum so viel Erfolg hat, wollen die Leute mehr über ihn wissen. Und für mich ist es eine Gelegenheit, mich unseres gemeinsamen Lebens zu erinnern und gleichzeitig doch noch etwas Vorwärtsgewandtes zu tun und die verdammte Krankheit wenigstens stundenweise zu vergessen", sagte sie.

Onkel Curioso war in einer streng katholischen, kleinstädtisch-ländlichen Gegend aufgewachsen. Hätte es nicht den Zweiten Weltkrieg mit seinen Flüchtlingsströmen gegeben, so hätten sich Tante Sapientia und er wohl nie kennengelernt. Wenige Jahre nach dem Krieg hatte es dann noch ein ziemliches familiäres Theater um die Mischehe der beiden gegeben. Aus diesem Anlaß hatte Onkel Curioso seiner Konfession innerlich endgültig den Rücken gekehrt. Einige Jahre danach war auch das letzte Flämmchen Religiosität in ihm erloschen.

„Bei mir bleibt den Aposteln der Religion nur die Hoffnung auf die Windstille am Sterbebett", sagte Onkel Curioso einmal zu mir. „Obwohl ihnen die Schalheit solcher Bekehrungen inzwischen bewußt sein sollte. Was bedeutet schon so ein Umschwenken bei schwindender Geisteskraft oder zumindest in einem psychischen Ausnahmezustand?"

Wie wir wissen, blieb Onkel Curioso sowohl die Versuchung zur Revision des eigenen Denkens und Lebens auf dem Sterbebett erspart als auch die Gelegenheit zu jenen bedeutenden letzten Worten versagt, die ohnehin mehr ein Phänomen der Literatur als des realen Lebens sind.

In den fünfziger Jahren begeisterte sich Onkel Curioso für Albert Camus' „Die Pest". Einige Jahre später allerdings empfand er diesen heroischen Humanismus als ein wenig zu aufgeregt. Das war alles noch zu sehr der traditionellen religiösen Denkstruktur verhaftet, zu sehr bloß eine negative Kopie davon.

Als ich später Tante Sapientias Erinnerungen las, war ich überrascht, in welchem Maße ich selbst manche Phasen der geistigen Entwicklung Onkel Curiosos etwa zwei Jahrzehnte danach wiederholt hatte. Ich muß damals um die 17 Jahre alt gewesen sein. Zunächst hatte ich „Die Pest" auf deutsch gelesen und war beeindruckt. Der Ablösung von der Religion, die ich schon vollzogen hatte, schien mir hier eine überzeugende Form gegeben. Wenig später fand ich während eines Sommerurlaubs in einer Bücherkiste auf der Placa von Dubrovnik eine französische Ausgabe aus dem Jahr 1947, die – nach einem Etikett zu urteilen – ursprünglich bei einem Buchhändler in Kopenhagen verkauft worden war. Schicksal von Büchern. Es war eine jener schlichten Nachkriegsausgaben auf holzreichem, mit zunehmendem Alter immer brauner und spröder werdendem und doch erstaunlich widerstandsfähigem Papier, mit einem brüchigen Rücken und einem dünnen Papiereinband ohne jegliche Illustration, nur rote und schwarze Schrift und eine Art Passepartout aus dünnen roten und schwarzen Umrandungen. Ganz Konzentration auf den Inhalt – wenn auch aus der Not geboren. Dieses Buch verkörperte für mich auch auf eine physische Weise den Existentialismus der Nachkriegszeit.

Unser damaliger Aufenthalt in der mediterranen Helligkeit war von den Versorgungskümmernissen des real existierenden Sozialismus ein wenig beeinträchtigt worden. Aber später, als die Chauvinisten der Volksgruppen des ehemaligen Jugoslawien ihren Bürgerkrieg entfesselten und wir im Fernsehen die Granateinschläge auf Dubrovniks historischer Prachtstraße sahen, dachte ich mit Erschütterung an die friedliche Stimmung jenes Sommers. Selbst in Europa war die Barbarei immer noch präsent – allem, was gedacht worden war, zum Trotz.

Aber zurück zu Onkel Curioso. Es dauerte noch eine ganze Weile, bis er aus der Kirche austrat, in die man ihn „hineingetauft" hatte. Diesen Schritt vollzog er erst in den sechziger Jahren. Da war er schon bei einem viel unpathetischeren säkularen Humanismus angelangt. Der Kirchenaustritt war damals noch eine relativ mutige Tat – in einer Zeit, wo man sich in diesem kleinstädtischen Umfeld schon Anfeindungen und berufliche Nachteile einhandeln konnte, weil man ein Volksbegehren für die christliche Bekenntnisschule nicht unterschreiben wollte. Tante Sapientia stand der offiziellen Religion zu jener Zeit schon sehr distanziert gegenüber, blieb aber formal Mitglied ihrer Kirche.

Auch Onkel Curioso war alles andere als ein Eiferer. Als meine Eltern, die große Stücke auf seine Meinung hielten, ihn um seinen Rat fragten, empfahl er, daß sie mich taufen lassen und später auch in den Religionsunterricht schicken sollten. „Das Kind soll die Religion kennenlernen und sie nicht als etwas Fremdartiges und dadurch vielleicht irgendwann einmal um so Interessanteres erleben. Ihr könnt ja mit zunehmendem Lebensalter die religiösen Lehren langsam immer mehr in Frage stellen, das ist, glaube ich, der bessere Weg", sagte er. „Man muß kleine Kinder nicht zu sehr in eine Außenseiterposition drängen." Also wurde der gesellschaftlichen Konvention entsprochen und ich wurde getauft und nahm am Religionsunterricht teil.

Ich erlebte selbst noch die Zeiten, in denen die angesehenen Bürger der kleinen Stadt einen mit ihrem Namensschild gekennzeichneten Platz in der Kirchenbank im doppelten Wortsinne besaßen – sozialer Kontrollmechanismus und kirchliche Einnahmequelle zugleich. Durch Tante Sapientias Erinnerungen traten mir noch manch andere Erlebnisse wieder vor Augen, die ich schon beinahe vergessen hatte. So war einmal eine Nachbarstochter aus der Volksschule nach Hause geschickt worden, weil sie ungehörigerweise eine Jeans trug und keinen Rock. Ich selbst wäre damals gerne Ministrant geworden, schon um bei der montäglichen Frage in der Schule nach dem Besuch der Sonntagsmesse nicht immer als Außenseiter dazustehen. Meine Eltern fanden jedoch, daß sie meine Integration ins weltanschaulich Übliche nicht übertreiben sollten.

Heute bin ich ihnen dankbar, daß sie mir in Bezug auf die Religion diesen Mittelweg ermöglicht haben – zwischen Kenntnis und Einfühlung einerseits und Distanz andererseits. Dies mindert die Gefahr, sich in plötzlicher Erleuchtung für eine Religion zu begeistern. Und auch die Haßliebe oder gar der Fanatismus des Renegaten, dem manche verfallen, die eine streng religiöse Erziehung durchlaufen mußten, können so kaum entstehen.

Während des letzten Jahres im Gymnasium distanzierte ich mich auch äußerlich von der Religion, indem ich aus der Kirche austrat. Auch ein hochgebildeter, pädagogisch sehr engagierter

Religionslehrer, den seine in der überwiegenden Mehrzahl verständnislosen Schüler mit dem – zwar unpassenden, aber unbestreitbar originellen – Spitznamen „Gruftspion" versehen hatten, vermochte die geistige Entwicklung nicht aufzuhalten, die mich zum Agnostizismus führte, ja zu einem Agnostizismus, der letztlich nur noch in einem prinzipiellen erkenntnistheoretischen Vorbehalt besteht und in allen praktisch bedeutsamen Fragen mit Atheismus gleichzusetzen ist.

Er wollte uns doch von Tante Sapientias letzter Lebensphase berichten, werden Sie sagen und allmählich von mir denken, was Pascal Montaigne zum Vorwurf machte: „Er spricht zu viel von sich selbst und erzählt zu viele Geschichten." Aber mit Tante Sapientias Erinnerungen geht es mir ähnlich wie beim Betrachten von Dias einer schon lange zurückliegenden Reise. Um das herum, was man auf den Bildern sieht, werden alle möglichen Erlebnisse und Eindrücke wieder lebendig.

Eines Tages stürzte Tante Sapientia beim Einkaufen. Ihr rechtes Bein hatte sie plötzlich nicht mehr getragen. Im Bereich einer Metastase am Ansatz des Oberschenkelhalses war es ohne besondere Krafteinwirkung zu einem Knochenbruch gekommen. Sie mußte sich eine sogenannte „Krückstock-Prothese" einbauen lassen, die ihr die Gehfähigkeit für einige weitere Monate erhielt.

Trotz zunehmender Schmerzen war sie geistig noch immer aktiv und der Welt zugewandt. Die Art und Weise, wie sie sich mit der Tatsache ihres baldigen Todes und den Umständen ihres Sterbens auseinandersetzte, war von einer ans Unheimliche grenzenden Gelassenheit geprägt. Bei einem meiner Besuche zeigte sie mir eine Stelle aus Senecas „Moralischen Briefen an Lucilius", die Onkel Curioso – wie es seine Gewohnheit gewesen war – mit Bleistift angestrichen und obendrein mit der Bemerkung „evtl. Zitat" versehen hatte: „Nicht werde ich auf das Alter verzichten, wenn es mich ganz für mich bewahrt, ganz jedoch auf jener besseren Seite; aber wenn es beginnt zu zerstören meinen Geist, Teile von ihm zu vernichten, wenn es mir nicht das Leben läßt, sondern nur den Atem, werde ich aus dem Gebäude springen, da es morsch und brüchig. Vor einer Krankheit werde ich nicht mit Hilfe des Todes fliehen, solange sie heilbar und nicht beeinträchtigt die Seele. Nicht werde ich Hand an mich legen wegen des Schmerzes; so zu sterben, heißt unterliegen. Wenn ich allerdings weiß, ständig muß ich ihn erleiden, werde ich gehen, nicht um seiner selbst willen, sondern weil er mir hinderlich sein wird bei allem, dessentwegen ich lebe. Schwach ist und feige, wer wegen Schmerzen stirbt, töricht, wer um des Schmerzes willen lebt."

„Wenn es einmal so weit ist – und da könnte leider nicht mehr lange hin sein – ", sagte Tante Sapientia zu mir, „daß ich wegen dieser vermaledeiten Krankheit mit dem Leben nichts mehr anfangen kann und es für mich fast nur noch aus Leid besteht, dann möchte ich selbst bestimmen, wann ich gehe. Ich will nicht unter hohen Schmerzmitteldosen noch tagelang dahindämmern. Ich will dann lieber mein Leben zu dem von mir gewählten Zeitpunkt beenden, nachdem ich mich von den Menschen verabschieden konnte, die ich wirklich gern habe und die mir nahestehen. Unser Doktor ist ein guter Mann. Ich weiß ganz genau, daß er meine Denkweise im Grunde richtig findet, und ich glaube, daß er in meiner Situation auch so handeln würde. Aber wir wollen ihn nicht in Gewissensnöte stürzen oder gar in Schwierigkeiten bringen. Er soll noch lange den Kranken helfen, so gut es geht. Und wenn sich später einmal auch in unserem Land die Gesetze geändert haben, dann wird er sicherlich zu denen gehören, die so handeln, wie sie schon lange dachten. Und nicht einmal in seiner Berufsehre wollen wir ihn kränken. Wenn jemand eine solche Krankheit hat wie ich, schon in sehr schlechtem Zustand ist und mit dem Leben abgeschlossen hat, so ist es keine Schande für den Leichenbeschauer, einen natürlichen Tod zu attestieren, wenn sein Patient eines Morgens tot im Bett gefunden wird."

„Und hast du überhaupt keine Angst vor dem Sterben?", fragte ich.

„Natürlich habe ich Angst. Leider hilft der gut gemeinte Spruch Epikurs über den Tod – ‚So lange wir da sind, ist er nicht da, stellt er sich aber ein, so sind wir nicht mehr da‘ – höchstens so lange, wie der Tod nur andere betrifft und nicht zu persönlich mit uns wird. Dieser Satz ist im Grunde nicht mehr als ein triviales Sprachspiel und geht an der Wirklichkeit des Todes vorbei. Denn Angst davor habe ich eben, so lange ich lebe, der Tod ist ein Problem der Lebenden. Und von meiner ganz persönlichen Angst merkst du nur deshalb nicht so viel, weil ich bis zuletzt versuche, mein Leben im Griff zu behalten und nicht schon im voraus zu sterben, indem ich auch noch meine letzten Tage an den unentrinnbaren Tod verliere. Sicher ist der unerwartete Tod aus vollem Leben heraus, dessen Herannahen dem Betroffenen selbst vielleicht gar nicht mehr bewußt wird, zu Recht für viele von uns eine ideale Wunschvorstellung. Meinem Mann war ein solcher Tod vergönnt. Aber auch meine Art zu sterben, daß ich nämlich meine Angelegenheiten ordnen und von meinen Lieben Abschied nehmen kann, hat ihre Vorzüge. Das allmähliche Dahinschwinden meiner Lebenskraft, der fortschreitende, erzwungene Verzicht auf eine Freude des Lebens nach der anderen, die Schmerzen – das alles ist so wenigstens nicht völlig umsonst."

Glücklicherweise besaß Tante Sapientia gute Freunde in Holland. Und so beauftragte sie mich, mit den Arztberichten über ihre Krankheit zu ihnen zu fahren und von deren Hausarzt Ratschläge zu erbitten, wie sie sich am besten selbst aus dem Leben verabschieden könne, wenn der Zeitpunkt hierfür kommen sollte. Es gelang mir auch, die erforderlichen Mittel zu besorgen.

In den folgenden Tagen lud sie nochmals Menschen zu sich ein, die ihr im Leben etwas bedeutet hatten. Man sprach von alten Zeiten, und natürlich war die Stimmung von Wehmut geprägt. Aber trotz allem war Tante Sapientia auch immer noch zu philosophischen Betrachtungen allgemeinerer Art aufgelegt, und es zeigte sich noch einmal, wie viel sie in ihren letzten Jahren von Onkel Curiosos Skeptizismus übernommen hatte. Die Religionen waren ihr mit der Zeit zusehends zu geistesgeschichtlichen Relikten geworden. Zwar kamen ihnen noch gewisse soziale Funktionen zu, aber ansonsten waren sie in ihren Augen nicht mehr ernst zu nehmen. Sie zitierte nun sogar so harte Statements wie Schopenhauers „Die Religionen sind wie Leuchtwürmer. Sie bedürfen der Dunkelheit, um zu leuchten." Oder auch jenen Sinnspruch eines unbekannten Autors: „Zum Adler sprach die Taube: Wo das Denken aufhört, da beginnt der Glaube. Recht, recht, so sprach der Adler, mit dem Unterschied jedoch: Wo du schon glaubst, da denk' ich noch."

In gewisser Weise ging sie in ihrem Skeptizismus über Onkel Curioso hinaus. Im Gegensatz zu ihm war sie bis zuletzt nicht völlig überzeugt davon, daß mit dem Tod alles zu Ende sei. Noch wenige Tage vor ihrem Tod hatte sie mich auf eine schöne Metapher von Kant aufmerksam gemacht, wo er sagt, die menschliche Vernunft sei nicht genugsam dazu beflügelt, „daß sie so hohe Wolken teilen sollte, die uns die Geheimnisse der anderen Welt aus den Augen ziehen …". Und obzwar sie Hegel kaum mehr Sympathie entgegenbrachte, als Onkel Curioso dies getan hatte, sprach er ihr doch mit einem Satze aus dem Herzen, dessen resignativ-endzeitlichen Ton ihr Mann mißbilligt hätte: „Wenn die Philosophie ihr Grau in Grau malt, dann ist eine Gestalt des Lebens alt geworden, und mit Grau in Grau läßt sie sich nicht mehr verjüngen, sondern nur erkennen; die Eule der Minerva beginnt erst in der Dämmerung ihren Flug."

„Und die Eule der Minerva wird dann zur Fliege Wittgensteins", sagte sie. „Und er sieht sein Ziel darin, ihr den Ausweg aus ihrem Fliegenglas zu zeigen, indem er all jene Begriffe aus der Philosophie verbannt, die sie erst zum existentiell bedeutsamen Unternehmen machen."

Auch aus den „Totengesprächen" von Fontenelle las sie mir in jenen Tagen noch einmal vor. „Denn die Philosophie", läßt er da seinen Descartes sagen, „gleicht einem gewissen Spiel, das die Kinder spielen, bei dem der eine von ihnen mit verbundenen Augen hinter den anderen herläuft. Erwischt er jemanden, muß er dessen Namen nennen. Nennt er ihn nicht, muß er die Beute wieder fahren lassen und läuft von neuem los. Genauso geht es mit der Wahrheit. Nicht, als ob wir Philosophen sie nicht bisweilen erwischten, obwohl wir die Augen verbunden haben; aber was macht's? Wir können ihr nicht nachweisen, daß wir gerade sie gefaßt haben, und im selben Augenblick ist sie uns entwischt."

„Wenn man hört", sagte Tante Sapientia, „wie dieser barocke Frühaufklärer schon im voraus die aufklärerischen ‚Selbstverständlichkeiten' einer rücksichtslosen Kritik unterzieht, dann wundert einen nicht mehr, daß Voltaire dauernd über ihn schimpft. Und doch gehörten sie beide zu den Skeptikern, diesem, wie Nietzsche sagt, ‚einzigen *ehrenwerten* Typus unter dem so zwei- bis fünfdeutigen Volk der Philosophen'."

Tante Sapientia war bis kurz vor ihrem Tod geistig hellwach.

Eines Morgens fand man sie tot in ihrem Bett. Die holländischen Medikamente lagen unberührt im Schlafzimmerschrank.

Sie mußte noch am Abend in dem Buch gelesen haben, das auf ihrem Nachtkasten lag. Ich schlug an der eingemerkten Stelle auf und traf auf einen Text von Moritz Schlick: „Mag uns das Dasein als ein farbenfroher Teppich erscheinen oder als ein grauer Schleier: Gleich schwer ist es, das wehende Gebilde so aufzurollen, daß sein Sinn offenbar wird. Das Ganze flattert vorüber und scheint verflogen zu sein, bevor wir uns Rechenschaft geben konnten."

Den Fiat Lux Spider vermachte Tante Sapientia übrigens dem Deutschen Museum in München, wohl auch eingedenk mancher Besuche dort, als ich noch ein Bub gewesen war. Man zeigte sich erfreut, war sich jedoch der wahren Besonderheit des Geschenks nicht bewußt und ließ es bis auf weiteres im Depot verschwinden. Ob ich irgendwann noch einmal für Aufklärung sorgen werde? Ich weiß nicht, ich gelte nicht gern als verrückt.

BoD ist ein moderner Autorenverlag. Jeder Autor kann bei BoD zu überschaubaren Kosten sein eigenes Buch veröffentlichen – der Vielfalt sind keine Grenzen gesetzt: Schulgeschichten und Philosophie, moderne Märchen und Ratgeber finden ihren Platz ebenso wie Sinnsprüche und Zeitgeschehen, das Phantastische wie die alltägliche Realität. BoD macht aus einem Manuskript in kurzer Zeit ein fertiges Buch. Und jeder Leser kann es kaufen, überall im deutschsprachigen Buchhandel und in nahezu allen Internet-Buchshops wie Amazon oder Libri.de. Denn jedes BoD-Buch ist in den für Buchhändlern so wichtigen Großhandelskatalogen zu finden – die entscheidende Voraussetzung für den Bucherfolg.

Informieren Sie sich über Ihre Möglichkeiten auf www.bod.de.

Bibliografische Information der Deutschen Bibliothek:
Die Deutsche Bibliothek verzeichnet diese Publikation in der Deutschen Nationalbibliografie; detaillierte Daten sind im Internet über <http://dnb.ddb.de> abrufbar.

© 2006 Michael Murauer
Herausgeber: Vito von Eichborn
Herstellung und Verlag: Books on Demand GmbH, Norderstedt
ISBN 3-8334-5128-9